真藤舞衣子の

まいにちおいしい！

豆腐と油揚げ

幼い頃から食べていた豆腐と油揚げはどちらも、
祖母が豆腐を寒天で寄せたものを作ってくれたり、
母と一緒に具沢山の飛龍頭を作ってくれたり、
豆腐をそのまま冷凍庫に入れて凍み豆腐を作ってそれを調理してくれたり、
油揚げはカリッと香ばしく焼いて刻んで、おかかとおしょうゆで食べたりしたもの。
大好きだったのは、栃尾油揚げにねぎみそをはさんで焼いたものです。

大人になってから、家の本棚に置いてあった昭和時代の『豆腐百珍』を見つけ、
祖母はここから作ってくれていたのかなと。

20代前半に1年居候していた禅寺では、
近くのお豆腐屋さんへ豆腐や油揚げを買いに行き、
いろいろ工夫を凝らして料理していました。

禅寺なのでほかの生命を奪ってはならない不殺生の戒律に基づき、

基本は精進料理でしたので、お肉やお魚を買いません。

食べる時は贈り物としていただいた時のみでした。

だからと言って和食ばかりではなく、ペペロンチーノとかも作ったりして、

今で言うビーガンでしょうか？

そのお寺ではよく精進カレーを作るのですが、お肉の代わりに

油揚げとこんにゃくを入れて作っていました。これがけっこうおいしいんです。

この1年のおかげで豆腐と油揚げの料理のレパートリーは増えたかもしれません。

今回ご紹介したのはほんの一部ですが、

豆腐と油揚げには、まだまだ可能性があります。ぜひ、この本を読んでいただいて

自分なりのアレンジもしていただければなと思います。

真藤舞衣子

この本で使っている豆腐

一般的な「絹ごし豆腐」、「木綿豆腐」を使用しています。

絹ごし豆腐

温かい豆乳とにがり（または凝固剤）を穴のない型に流し入れ、重しをしないでかためたもの。絹のようにきめ細かく、つるりとした食感と、なめらかな口当たり。

木綿豆腐

温かい豆乳ににがり（または凝固剤）を加えてから、ある程度かためた段階で、木綿布をしいた穴あきの型に流し入れ、重しをし、水分をきりながら、かためたもの。大豆の風味を感じやすい。しっかりとした食感。

ほかにはこんなお豆腐も

ソフト木綿	木綿豆腐と絹ごし豆腐の間のやわらかさとなめらかさの豆腐。
おぼろ豆腐	豆乳がある程度かたまった状態のものを型に入れずに容器に盛った豆腐。これをざるに盛ったものがざる豆腐。
充填豆腐	豆乳を一旦冷やして凝固剤と一緒に1丁ずつの容器に注入（充填）・密閉し、加熱して凝固させた豆腐。なめらかな舌ざわり。

豆腐料理と水切り

豆腐は生で食べられるため、料理に使う時には、肉や魚のように火の通りを気にする必要がないので気軽。

一方で、豆腐は約90％が水分からなる食材。料理に合わせた水切りで、仕上がりが水っぽくならず、よりおいしくなります。

各レシピ中の水切り方法は、このようにしています。

かるめ水切り

ペーパーをしいた網ざるをのせたバットに豆腐をのせてペーパーをかけ、バットをのせて重し（1kg）をのせずに、冷蔵庫に30分ほどおく。

⟶ 豆腐煮、温豆腐・温やっこ、
　　豆腐ステーキ、ご飯もの　など。

レンジで手軽に

かるめ水切りは、電子レンジにかけても。豆腐を耐熱容器に入れ、ラップをしないで電子レンジに100gあたり1分かける。

ふき水切り

料理に使う前にペーパーでふいて水気をとる。みずみずしさを生かしたい時に。

⟶ スープ、湯豆腐、豆花風（スイーツ）、
　　パンケーキ、豆腐白玉　など。

しっかり水切り

ペーパーをしいた網ざるをのせたバットに豆腐をのせてペーパーをかけ、均一に重みがかかるようにバットをのせて重し（1kg）をのせ、ひと晩冷蔵庫におく。厚みが⅔～半分くらいになるまでが目安。

⟶ 白あえ、フムス、炒めもの、揚げもの、
　　グラタン、キーマカレー　など。

↓

ひと晩おいた後

割る、つぶす、なめらかにして使う

水切りした豆腐は、扱いやすくなるだけでなく、料理に合わせていろいろな形に使えます。水分が抜けた分、大豆の甘みも感じやすく、形状との組み合わせでおいしさが広がります。

手で割る

切るより表面積が増えるので、味がからみやすくなります。ざっくり割ると料理に豪快さとボリューム感が出ます。

つぶす

手でつまんで豆腐をつぶします。ざっくりつぶすと粗い口当たりに、細かくつぶすとなめらかになります。

回す

ブレンダーで豆腐を攪拌します。ブレンダーを使うと、豆腐がよりなめらかなクリーム状になります。塩をふるだけでもおいしく、調味料と合わせれば、おいしいあえ衣やソースになります。

この本の使い方

■計量カップは、1カップ＝200㎖、計量スプーンは大さじ1＝15㎖、小さじ1＝5㎖です。1㎖は1ccです。

■特に記載のない場合、豆腐1丁は350g。火加減は中火、だし汁は昆布・かつお節のだしです。砂糖はさとうきび糖です。

■野菜類は、特に記載のない場合は、洗う、皮をむく、ヘタ、種やワタはとるなどの下処理を済ませたものです。きのこは石づきを除くなどの下処理を済ませたものです。

■フライパンは、フッ素樹脂加工のものを使用しています。

■電子レンジの加熱時間は、600Wを基準にしています。500Wの場合は1.2倍、800Wの場合は0.75倍にしてください。機種によって熱量に多少差がありますので、様子をみながら、加熱してください。

■電子レンジやオーブン、オーブントースター、フードプロセッサーなどの調理器具をご使用の際は、お使いの機種の取扱説明書に従って使用してください。

■煮る時間、焼く時間は目安です。火の通り加減は様子をみながら、加減してください。

豆腐

良質な植物性たんぱく質源であり、近年は、
改めてプラントベースフードとして注目されている豆腐。
大豆由来のコクがあり、そのままでもおいしいから
かんたんな調理で満足度の高い料理が作れます。
価格も良心的で、お金がない時も食欲がない時も
より添い、心とからだに元気を与えてくれます。
知りたかった定番料理のおいしい作り方から、
わが家の定番にしたくなる手軽なアレンジまで、
いろいろな豆腐料理で、そのおいしさを楽しみましょう。

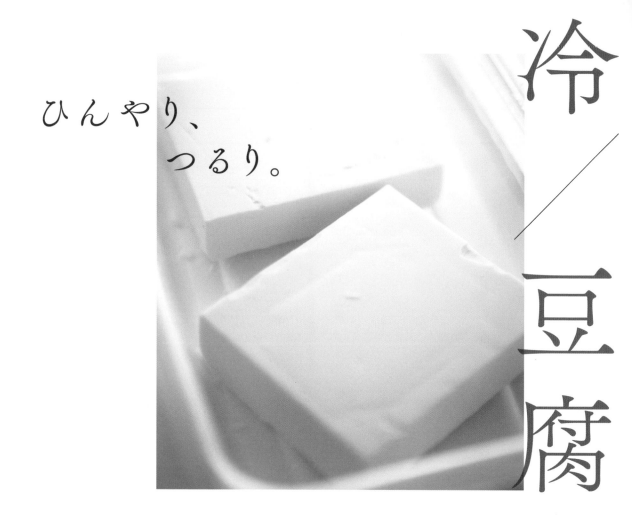

ひんやり、
つるり。

冷／豆腐

みょうが冷ややっこ

薬味は1種で潔く。
みょうがで作ると、
色合いがきれいで
歯ざわりがいい。

材料（1人分）と作り方

絹ごし豆腐1丁を食べやすく切って器に盛り、みょうが（せん切り）を適量のせ、塩適量をふる。

＊オリーブオイルやレモン汁をかけても。

\豆腐

冷｜冷ややっこ

まぐろのたたき豆腐

ねちっとしたまぐろと、豆腐の食感の違いが絶妙にいい。

材料（2人分）

絹ごし豆腐 … 1丁
まぐろ（刺身用）… 100g
みょうが（小口切り）… 1個
細ねぎ（小口切り）… 2本
いりごま（白）… 小さじ1
しょうゆ … 適量

作り方

まぐろは包丁でたたき、みょうが、細ねぎを加えてよく混ぜる。豆腐にのせ、ごまをふり、しょうゆをかける。

和風冷ややっこ

たぬき豆腐

庶民の贅沢やっこ。天かすの油っけがいいアクセント。ひと口ごとに楽しさ満載。

材料（2人分）

絹ごし豆腐 … 1丁
わかめ（乾物）… 1g
かに風味かまぼこ
　（細くほぐす）… 2本
揚げ玉 … 大さじ2
おろししょうが … 1かけ分
長ねぎ（みじん切り）… 5cm
きゅうり … ½本
塩 … 少々
しょうゆ … 適量

作り方

わかめは水でもどし、水気をきる。きゅうりは薄切りにして塩もみし、ぎゅっと水気をしぼる。ほかの材料とともに、豆腐にのせる。しょうゆをかける。

ピータン豆腐

豆腐はなめらかにつぶすと、まとまりよく食べやすく、味もなじみます。

材料（2〜3人分）

木綿豆腐（しっかり水切り）
　…½丁
ピータン（細かく刻む）…1個
ごま油…大さじ½
塩…少々

作り方

豆腐はボウルに入れ、なめらかにつぶす。ピータン、ごま油、塩を加えてよく混ぜる。

中華冷ややっこ

ザーサイ豆腐

ザーサイはなるべく薄切りにすると、豆腐がよりなめらかに。

材料（2〜3人分）

木綿豆腐（しっかり水切り）
　…½丁
ザーサイ（塩抜きして薄切り）
　…40g
しょうゆ…小さじ1
A　細ねぎ（斜め切り）
　　…1本
　　ごま油…大さじ½
　　いりごま（白）…小さじ1

作り方

ザーサイはしょうゆであえる。豆腐を粗くくずしてザーサイ、Aとあえる。

冷ややっこ─冷

サラダチキンジェノベーゼやっこ

材料（2〜3人分）

木綿豆腐 … 1丁
サラダチキン … 100g
ジェノベーゼソース（市販品）
　… 大さじ2½
ミニトマト（縦4つに切る）… 6個
オリーブオイル … 適量

作り方

サラダチキンは細くほぐしてジェノベーゼソースであえ、ミニトマトを加えてさらにあえる。豆腐にのせ、オリーブオイルをかける。

＊かるく何かを食べたい時やヘルシーに食事をすませたい時にうってつけ。サラダチキンだけだと味が少し重たく、豆腐だけだと物足りないけれど、合わせて食べるとバランスがとれます。

鶏肉はできるだけ細くほぐすと、ソースも豆腐もからみやすい。

洋風冷ややっこ

エスニックやっこ

期待通りのエスニック味。香り、食感よく、食べ出したら止まらない。

材料（2人分）

木綿豆腐 … 1丁
桜えび（乾物）… 6g
パクチー（刻む）… 2本
ピーナッツ（無塩・粗みじん切り）… 大さじ2
ナンプラー、ごま油
　… 各適量

作り方

桜えび、パクチー、ピーナッツを混ぜて豆腐にのせる。ナンプラー、ごま油をかける。

＊桜えびは、旬の時期の釜揚げしらすに替えても。

ほうれん草、にんじん、ひじきの白あえ

練りごまでコクをきかせた白あえ衣で
昔から変わらぬおいしさを。

材料（2〜3人分）

まいたけ（ほぐす）… ½パック
にんじん（薄い短冊切り）… 30g
ほうれん草（5㎝長さに切る）… 4株
しらたき（食べやすく切る）… 40g
芽ひじき（乾物）… 3g
〈白あえ衣〉
　木綿豆腐（しっかり水切り）… 1丁
　白練りごま、うす口しょうゆ… 各大さじ1
　砂糖… 大さじ1½

作り方

1　鍋に湯を沸かし、まいたけ、にんじん、ほうれん草、しらたき、ひじきの順にそれぞれゆで、ざるにあげて湯をきる。ほうれん草は水気をしぼり、ペーパーでしっかり水分をとる。

2　すり鉢かボウルに白あえ衣の材料を入れ、なめらかになるまでよく混ぜる。1を加えてよくあえる。

＊ひじきはほかの具と一緒にゆでると、水気が切りにくい。香りと色を生かしたいので、ひじきは最後に混ぜる。

衣は練りごまでごまの風味をきかせてコクを出します。具は下煮して味をつけずにさっとゆでて、具の香り、風味、食感を生かします。

ドライフルーツ、生ハム、ナッツの白あえ

ごまはすりごまを使うと、かろやかな白あえ衣に。生ハムのような塩気のある食材が引き立ちます。

材料（2〜3人分）

〈あっさり白あえ衣〉
| 木綿豆腐（しっかり水切り）
　　…½丁
| すりごま（白）… 大さじ2
| はちみつ … 大さじ1
| うす口しょうゆ … 小さじ1
ドライいちじく … 2個
ドライアプリコット … 4個
生ハム … 2〜3枚
ミックスナッツ（粗みじん切り）
　　… 30g
塩、粗びき黒こしょう … 各少々
オリーブオイル … 大さじ1

作り方

1 ドライフルーツは、半分に切って細切りにする。

2 あっさり白あえ衣の材料を泡立て器でよく混ぜ合わせる。ドライフルーツ、生ハム、ナッツを加えてあえる。器に盛り、塩、黒こしょうをふり、オリーブオイルをかける。

＊ドライフルーツのおすすめは、いちじく、アプリコット。ナッツはアーモンドが入ると、味が安定します。

冷｜あえる

豆腐フムス

ほんの少しの
みそとにんにくで、
豆腐で作ったとは思えない
コクが出せます。

材料（2人分）

〈豆腐フムス〉
木綿豆腐（しっかり水切り）
　…½丁
練りごま（白）… 大さじ1
みそ… 大さじ1½〜2
オリーブオイル… 大さじ2
にんにく… 1片
カリフラワー（薄い輪切り）
　…½株
なす（輪切り）… 1本
塩… 少々
クミンシード、タイム… 各適量
黒パン、オリーブオイル… 各適量

作り方

1 フードプロセッサーに豆腐フムスの材料を入れ、なめらかになるまで攪拌する。

2 フライパンにオリーブオイルを熱し、カリフラワー、なすの両面を焼いて塩をふる。器に1を盛り、カリフラワー、なすをのせ、クミンシード、タイムをちらし、オリーブオイルをかける。黒パンを添える。

＊油を吸ってとろりとしたなすのコクで豆腐フムスがおいしくなります。

＊カリフラワーは輪切りにして焼いてのせると、盛りつけに華やかになり、全体の味もまとまります。

豆腐のみそ漬け

豆腐のオイル漬け

豆腐の梅酢漬け

冷／漬ける

豆腐のみそ漬け

白みその発酵感で、漬け上がりまろやか。

材料（作りやすい分量）

木綿豆腐（しっかり水切り）… 1丁
白みそ … 150g
みりん … 大さじ1

作り方

白みそとみりんをよく混ぜる。豆腐にまんべんなく塗り、オーブン用ペーパーを敷いた保存容器に入れる。冷蔵庫で2〜3日漬ける。みそをつけたまま、切って食べる。

＊冷蔵で5日間保存可。

豆腐のオイル漬け

お好みのハーブで。フェタチーズのよう。

材料（作りやすい分量）

木綿豆腐（しっかり水切り）… 1丁
にんにく（つぶす）… 1片
赤唐辛子（種を除く）… 1本

タイム（生）… 1〜2枝
塩 … 小さじ2くらい
オリーブオイル … 適量

作り方

豆腐は一口大に切り、塩をまんべんなくふって保存瓶に入れる。にんにく、赤唐辛子、タイムを加え、オリーブオイルをひたひたに注ぎ、冷蔵庫に入れる。翌日から食べられる。

＊冷蔵で3〜4日間保存可。
＊残ったオイルは、炒めものやパスタに使えます。

豆腐の梅酢漬け

華やかで、きりりと梅味。サラダの具にもおすすめ。

材料（作りやすい分量）

木綿豆腐（しっかり水切り）… 1丁
梅酢 … 適量

作り方

保存容器に豆腐を4等分に切って入れ、梅酢をかぶるくらいまで注ぐ。冷蔵庫に入れ、途中、上下を返す。半日後から食べられる。

＊冷蔵で3〜4日間保存可。

＊漬けた梅酢は一度煮立てて冷まし、ドレッシングやあえものに使えます。

おからであえものサラダ

おからは、煮るだけにあらず。
野菜とあえる洋風サラダと相性がいい。
味わいかろやか、栄養も充実。 おからは、
オリーブオイルや米油、マヨネーズの味を入れながら、
しっとりまとめると、食べやすくなります。

おからのサーモンサラダ

同じ量のおからで、
スモークサーモンがあっさり。
おいしさも引き立ちます。

材料（2〜3人分）

A スモークサーモン … 70g
おから … 70g
紫玉ねぎ（薄切り）… ⅛個

B 米油（またはサラダ油）… 大さじ2
オリーブオイル … 大さじ1
クレソン（ざく切り）… 1束

レモン汁 … ½個分
塩、粗びき黒こしょう … 各適量

作り方

スモークサーモンは一口大に切り、レモン汁であえる。紫玉ねぎは塩水に10分ほどさらし、しっかり水気をしぼる。Aをあえ、Bを加えてあえる。塩、黒こしょうで味を調える。

＊サーモンはレモン汁であえると、生臭みが消え、おいしくなります。

あえる

おからポテサラ

ゆでない分、時短。
マヨネーズでしっとりコクを出し、
味はまさにかろやかなポテサラ。

材料（2〜3人分）

A｜おから … 80g
　｜きゅうり（輪切り）… ½本
　｜玉ねぎ（薄切り）… ⅛個
　｜ゆで卵（つぶす）… 1個
　｜マヨネーズ … 大さじ3
塩、粗びき黒こしょう … 各適量

作り方

1 きゅうりは塩もみして水気を
しっかりしぼる。玉ねぎは塩
水に10分ほどさらし、しっ
かり水気をしぼる。

2 ボウルにAを入れてあえ、塩、
黒こしょうで味を調える。

生湯葉で野菜あえ

大豆の濃厚な甘みが凝縮され、
とろりとした舌ざわりが贅沢な生湯葉。
しょうゆや塩をかけてそのまま食べるのはもちろん、
生野菜やゆで野菜とあえると、ちょっとした一品に。

アボカドの湯葉あえ

味の相性のよさはもちろん、クリーミーなアボカドと合わせるとより濃厚に。

材料（2人分）

生湯葉 … 100g
アボカド … 1個
わさび、しょうゆ
　… 各適量

作り方

生湯葉は一口大に切り、ボウルに入れる。アボカドは種と皮を除き、手で一口大に割って生湯葉とあえる。器に盛り、わさび、しょうゆでいただく。

温／豆腐

ふーふー

あつあつ

湯豆腐

豆腐を昆布だしで煮ると、
大豆のうまみがぐっとのる。
シンプルでも、だからおいしい。

材料（2人分）

絹ごし豆腐 … 1丁
昆布 … 10cm
好みの薬味（長ねぎ〈小口切り〉、
　おろししょうが）、しょうゆ、
　ぽん酢しょうゆ … 各適量

作り方

1 土鍋に昆布、水適量を入れ、
30分ほどおく。

2 *1*を弱火にかける。豆腐はペー
パーで水気をふき、4等分に
切る。*1*の昆布だしに入れ、弱
火で温める。豆腐がゆらゆらし
て、かるく浮いてきたら食べ時。
器にとり分け、薬味、しょうゆ
などをかけていただく。

たれで広がる湯豆腐の楽しみ

ごまだれ

酢をかくし味にさっぱりと。

材料（作りやすい分量）と作り方

白練りごま大さじ1½、酒、めんつゆ（ストレートタイプ）各大さじ1、酢小さじ1を混ぜ合わせる。

ピリ辛ピーナッツ

食感のいいチャンクタイプで濃厚に。

材料（作りやすい分量）と作り方

ピーナッツバター（チャンクタイプ）大さじ1、みりん大さじ1½、豆板醤、しょうゆ各小さじ1を混ぜ合わせる。

香味だれ

香味野菜は細かく切って豆腐になじみやすく。

材料（作りやすい分量）と作り方

青じそ（みじん切り）2枚分、しょうが（みじん切り）1かけ分、みょうが（みじん切り）1個、めんつゆ（ストレートタイプ）、酢各大さじ2を混ぜ合わせる。

梅びしお

ねっとり甘い梅が大豆の甘みを引き立てる。

材料（作りやすい分量）と作り方

梅干し10個は種と果肉に分け、果肉は包丁でたたく。鍋に酒大さじ1、みりん50mℓを入れて混ぜ、梅干しの果肉、種を入れて中火にかける。煮立ったら弱火にし、梅肉をつぶしながら、全体がもったりするまで5分ほど煮る。しょうゆ小さじ1、砂糖ひとつまみで味を調える。

＊清潔な保存容器に入れ、冷蔵で1週間保存可。

だし豆腐

潔く、ほかの具を入れずに
だしのうまみと香りを移して
豆腐の味を楽しみます。

材料（2〜3人分）

絹ごし豆腐（かるめ水切り）
　…1丁
A | だし汁…500㎖
　　　| うす口しょうゆ、酒、みりん
　　　| …各大さじ1
好みでわさび、おろししょうが、
　しょうゆ…各適量

作り方

豆腐は2等分に切る。鍋に**A**、豆腐を入れて弱火にかけ、煮立ったら弱火にして20分ほど煮る。わさび、しょうがをのせ、しょうゆでいただく。

＊だし豆腐、豆腐煮とも強火で煮ると豆腐がくずれてしまうので、弱火でやさしく煮ながら、味を入れます。

材料（2〜3人分）

木綿豆腐（かるめ水切り）
　…1丁
水…200㎖
みりん、しょうゆ、砂糖
　…各大さじ2

作り方

1 豆腐は半分に切ってそれぞれ3等分に切る。

2 鍋に豆腐以外の材料を入れて煮立ててから豆腐を入れ、弱火にして30分ほど煮る。一度冷まし、食べる時に温める。

茶色い料理はおいしい。
まさにその味。

豆腐の甘辛煮

肉豆腐

居酒屋の定番つまみでありながら、じつは栄養バランスがいいおかず。

材料（3〜4人分）

木綿豆腐（かるめ水切り）… 1丁
牛切り落とし肉 … 200g
玉ねぎ（くし形切り）… ½個
しらたき … 100g
A｜水 … 300㎖
　｜しょうゆ、みりん … 各大さじ2
　｜砂糖 … 大さじ1½
米油（またはサラダ油）… 大さじ1

作り方

1 しらたきは下ゆでして食べやすい長さに切る。

2 フライパンに米油を入れて牛肉を炒め、色が変わったら、玉ねぎを加えて炒める。Aを入れて煮立ったら、しらたき、手で割りながら豆腐を加え、弱火で20分ほど、途中、豆腐を返しながら煮る。

材料（2人分）

絹ごし豆腐（かるめ水切り）… 1丁
明太子 … 1腹
だし汁 … 200mℓ
うす口しょうゆ … 大さじ1
バター … 10g
水溶き片栗粉（片栗粉大さじ½を水
　大さじ1で溶く）… 全量
貝割れ菜 … 適量

作り方

1 鍋にだし汁を入れ、明太子を薄皮から出
しながらだし汁に入れてほぐす。中火で
煮立たせ、うす口しょうゆ、バター、水
溶き片栗粉を加えてとろみがつくまでよ
く混ぜる。

2 半分に切った豆腐を入れ、中火で煮くず
れないよう煮る。煮立ったら、器に盛り、
貝割れ菜を添える。

めんたいバターは
豆腐にも合う。とろみを
つけてからみやすく。

めんたい温豆腐

キャベツのごまあえのせ温やっこ

ごまのコクでやさしい味に。
ヘルシーでも食べごたえあり。

材料（2人分）

木綿豆腐（かるめ水切り）
　…1丁
キャベツ（ざく切り）…⅛個
〈ごまだれ（混ぜ合わせる）〉
　白練りごま…大さじ2
　みりん…大さじ1
　砂糖、しょうゆ、酢
　…各小さじ2

作り方

1 キャベツは耐熱容器に入れてラップをし、電子レンジに3〜4分かけてしんなりとさせる。粗熱がとれたら、水気をしっかりしぼり、ごまだれであえる。

2 豆腐を器に盛り、電子レンジに3分ほどかけて温める。*1*をのせる。

さばみそ温やっこ

温やっこには、さばみそが合う。
青じそを合わせて
パンチをきかせ、クセになる味に。

材料（2〜3人分）

木綿豆腐（かるめ水切り）
　…1丁
さば缶（みそ煮）…1缶
おろししょうが…1かけ分
青じそ（せん切り）…4枚
いりごま（白）…適量

作り方

1. さば缶は汁気をきり、かるくほぐす。豆腐は半分に切り、耐熱容器に入れ、ラップをかけ、電子レンジに3分ほどかけて温める。

2. 豆腐をそれぞれ器に盛り、さば、しょうが、青じそ、いりごまを均等にのせる。

みぞれ温豆腐

大根の鬼おろしを
しょうが風味のあんで
煮るから、ひと味違う。

絹ごし豆腐（かるめ水切り）… 1丁

A｜だし汁… 200㎖
　｜大根… 5㎝（250g）
　｜おろししょうが… 2かけ分
　｜うす口しょうゆ、酒… 各大さじ1
　｜みりん… 大さじ2

水溶き片栗粉（片栗粉大さじ½を水大さじ1
で溶く）… 全量

作り方

1 大根は鬼おろしにしてざるにあげ、かる
く汁気をきる。

2 鍋に大根以外のAを入れて煮立て、水溶
き片栗粉を加えてとろみをつけ、半分に
切った豆腐を入れ、弱火で煮くずれない
ように5分ほど煮る。鬼おろしを入れ1
分ほど煮る。

材料（2〜3人分）

木綿豆腐（かるめ水切り）… 1丁
鶏ひき肉 … 150g
おろししょうが … 1かけ分
A｜だし汁 … 200mℓ
　｜うす口しょうゆ、みりん、酒
　｜　… 各大さじ1
水溶き片栗粉（片栗粉大さじ½を
　水大さじ1で溶く）… 全量
米油（またはサラダ油）… 大さじ1
あれば白髪ねぎ … 適量

作り方

1 鍋に米油、ひき肉を入れ、ひ
き肉から出る脂が透明になる
まで、しっかり炒める。Aを
加えて火を強めて煮立てる。

2 しょうが、6等分に切った豆
腐を加え、煮くずれないよう
に中火で2〜3分煮る。水溶
き片栗粉を入れ、混ぜながら、
とろみをつける。器に盛り、
あれば白髪ねぎを添える。

そ
ぼ
ろ
あ
ん
か
け
豆
腐

そ
ぼ
ろ
に
味
を
つ
け
す
ぎ
ず
、
上
品
な
う
ま
み
で
豆
腐
の
風
味
を
生
か
し
ま
す
。

鶏ひき肉とだしで煮る料理なので、ひ
き肉の臭みを消してうまみを引き出す
ために、ひき肉はしっかりと炒めます。

温｜煮る

淡い塩味のスープで
えびと豆腐の甘みと香りが
引き立ちます。

えび
あんかけ豆腐

材料（3〜4人分）

木綿豆腐（かるめ水切り）… 1丁
えび（殻つき）… 10尾（約130g）
しょうが（みじん切り）… 1かけ分
A 水… 200mℓ
　　鶏ガラスープの素（顆粒）
　　　… 小さじ1
　　酒… 大さじ1
水溶き片栗粉（片栗粉大さじ½を水
　大さじ1で溶く）… 全量
米油（またはサラダ油）… 大さじ1
塩、片栗粉… 各適量
三つ葉（ざく切り）… 2本

作り方

1 えびは殻と背ワタをとり、塩、
片栗粉をよくもみこんでから
洗って包丁でたたく。

2 鍋に米油を入れて*1*をよく
炒め、しょうがを加えて炒め、
Aを加えて煮立たせる。手で
割りながら豆腐を加え、煮く
ずれないように2〜3分煮て
塩で味を調える。水溶き片栗
粉を入れてよく混ぜ、1分ほ
ど煮てとろみをつける。器に
盛り、三つ葉をちらす。

＊えびは下処理しないと、おい
しさ半減。塩と片栗粉をよく
もみこんでから洗うと、臭み
がとれ、えびのおいしさだけ
が残ります。

麻
婆
豆
腐

麻婆豆腐は、
ひき肉をしっかり炒めると、
確実においしくなります。

材料（3〜4人分）

木綿豆腐 … 1丁
豚ひき肉 … 150g
玉ねぎ（みじん切り）… ¼個
しょうが（みじん切り）… 1かけ分
にんにく（みじん切り）… 1片分
米油（またはサラダ油）… 大さじ1
A｜水 … 1カップ
　｜みりん … 大さじ2
　｜しょうゆ … 大さじ1½
　｜みそ … 大さじ1
　｜豆板醤 … 小さじ1〜大さじ1
水溶き片栗粉（片栗粉大さじ1を水大さじ2で溶く）
　… 全量
ごま油 … 大さじ1
粉山椒、塩、小ねぎ（斜め切り）… 各適量

作り方

1 鍋に湯を沸かし始める。フライパンに米油、しょ
うが、にんにくを入れて炒め、香りが立ったら、
玉ねぎを加えて色づくまで炒める。ひき肉を加え
て、ひき肉から出る脂が透明になるまでしっかり
と炒め、**A**を加えて弱火にする。

2 *1*の湯に2cm角に切った豆腐を入れて煮立ったら
弱火にし、3分ほどゆでて湯をきり、*1*のフライ
パンに加えて中火にかける。

3 *2*が煮立ったら、水溶き片栗粉を加えてぐるり
と大きく混ぜ、1分ほど煮る。ごま油を回しかけ、
粉山椒、塩で味を調える。器に盛り、小ねぎをち
らす。

豆腐は下ゆでして煮くずれ
防止。湯をきってすぐにフ
ライパンに入れると、豆腐
がきれいに仕上がります。

材料（3～4人分）

絹ごし豆腐 … 1丁
鶏ひき肉 … 150g
長ねぎ（みじん切り）… 15cm
しょうが（みじん切り）… 1かけ分
にんにく（みじん切り）… 1片分
米油（またはサラダ油）… 大さじ1
A 水 … 1カップ
　 みりん、酒 … 各大さじ1
　 塩麹 … 大さじ2
　 （または塩小さじ½）
水溶き片栗粉（片栗粉大さじ1を
　 水大さじ2で溶く）… 全量
ごま油 … 大さじ1
粉山椒 … 大さじ1
塩 … 少々

作り方

1 鍋に湯を沸かし始める。フライパンに米油、しょうが、にんにくを入れて炒める。香りが立ったら、長ねぎを加えて色づくまで炒める。ひき肉を加えてしっかりと炒め、Aを加えて弱火にする。

2 1の湯に2cm角に切った豆腐を入れて煮立ったら弱火にし、2分ほどゆでて湯をきり、1のフライパンに加えて中火にかける。

3 2が煮立ったら水溶き片栗粉を加えて大きくぐるりと混ぜ、1分ほど煮る。ごま油を回しかけ、粉山椒、塩で味を調える。

白い麻婆豆腐

なめらかな豆腐に、
鶏肉の上品なうまみと
山椒の香りをきかせて、
定番とは別のおいしさに。

豆腐と レタスのスープ

レタスはさっと煮て
シャキシャキと。
煮すぎないで
豆腐はなめらかに、
レタスは香りよく。

材料（2人分）

絹ごし豆腐（ふき水切り）… ½丁
レタス（ざく切り）… 4枚
鶏ガラスープ … 500㎖
しょうが（せん切り）… 1かけ分
水溶き片栗粉（片栗粉大さじ½を
　水大さじ1で溶く）… 大さじ1
塩、粗びき黒こしょう … 各適量

作り方

1　豆腐は、4等分に切る。

2　鍋に鶏ガラスープを入れて温
　め、しょうが、豆腐、レタス
　を入れて中火にかけ、ひと煮
　立ちしたら、水溶き片栗粉を
　入れ、とろみがつくまで混ぜ
　る。塩、黒こしょうで味を調
　える。

精進酸辣湯スープ
（サンラータン）

肉はあえて使わずに、
卵のコクと
トマトの酸味がきいた
かろやかなスープが
からだにしみる。

材料（2〜3人分）

絹ごし豆腐（ふき水切り）… ½丁
ゆでたけのこ（細切り）… 40g
きくらげ（乾物）… 2個
トマト（くし形切り）… 1個
溶き卵 … 1個分
鶏ガラスープ … 500mℓ
うす口しょうゆ … 大さじ1

作り方

1 きくらげは水でもどしてせん切りにする。た
けのこは下ゆでする。豆腐は半分に切って1
cm角の棒状に切る。

2 鍋に鶏ガラスープを入れて煮立て、トマト、
1を入れて弱めの中火で5分ほど煮る。うす
口しょうゆで味を調え、溶き卵を回し入れ、
ふんわりするまで煮る。

＊ゆでたけのこは下ゆでして臭みやクセをとっ
てから使います。

＼豆腐

温 ― 煮る

材料（2人分）

絹ごし豆腐（ふき水切り）… 1丁
豚こま切れ肉 … 70g
白菜キムチ … 120g
水 … 300mℓ
あさり（殻つき・砂抜き済み）… 10個
みそ … 大さじ1
ナンプラー … 小さじ2
卵 … 1個
米油（またはサラダ油）… 大さじ1
細ねぎ（小口切り）… 1本

作り方

1 豆腐は4等分に切る。

2 鍋に米油を中火で熱し、豚肉をしっかりと炒め、キムチを加えて炒める。水、豆腐、あさりを加え、煮立ったら、みそ、ナンプラーを加え、卵を割り落として、好みの半熟状になったら火を止める。細ねぎをちらす。

豚肉は脂を焼くイメージでしっかりと、キムチとともに炒めます。ナンプラーだけでなく、みそも加えて味つけすると味が深まります。

スンドゥブチゲ

豚肉をしっかり炒めてうまみを引き出し、あさり、みそ、ナンプラーのうまみを重ねるから、この深みに。

材料（4人分）

木綿豆腐（しっかり水切り）… 1丁

干ししいたけ（乾物）… 2枚

れんこん（いちょう切り）… 60g

にんじん（拍子木切り）… 40g

さやいんげん（斜め切り）… 6本分

A ｜（混ぜ合わせる）

　　干ししいたけのもどし汁… 大さじ3

　　しょうゆ、みりん… 各大さじ2

　　酒、砂糖… 各大さじ1

米油（またはサラダ油）… 大さじ2

いりごま（白）… 適量

作り方

1 干ししいたけは湯でもどしておく。薄切りにして、もどし汁はとっておく。

2 フライパンに米油を熱し、れんこん、にんじん、干ししいたけ、いんげんを順に加えて炒める。**A**を加え、豆腐を手で割りながら加え、水分をとばして汁気がなくなるまでしっかりと炒る。器に盛り、いりごまをちらす。

炒り豆腐

少し甘めの味つけが抜群においしい。

干ししいたけで滋味深く。

昔からの定番は、肉を使わず、

豆腐はしっかり炒め、水分をとばしながら味を入れます。

ゴーヤーチャンプルー

玉ねぎ、ゴーヤーはしっかり炒めて甘みを引き出す。これが大事。驚きのおいしさに。

材料（2〜3人分）

木綿豆腐（しっかり水切り）… ½丁
玉ねぎ（薄切り）… ¼個
ゴーヤー（薄い半月切り）… ½本
ランチョンミート（細切り）… 120g
かつお節…½パック
うす口しょうゆ…小さじ2
溶き卵…2個分
米油（またはサラダ油）… 大さじ2

作り方

1 フライパンに米油を熱し、玉ねぎをしっかり炒める。ゴーヤーを加えてしっかりと炒め、ランチョンミートを加えてさっと炒める。

2 豆腐を手で割りながら加えて1〜2分炒め、かつお節をかける。うす口しょうゆを回し入れ炒め合わせ、溶き卵を回し入れ、炒め合わせる。

豚バラと高菜の炒め豆腐

豚バラ肉はしっかり炒めて脂を出すと、香ばしくなり、脂っぽさが抜けて仕上がりかろやか。

材料（2〜3人分）

木綿豆腐（しっかり水切り）…½丁
豚バラ薄切り肉（3cm幅に切る）… 100g
高菜漬け… 100g
にんにく（みじん切り）… 1片分
うす口しょうゆ… 大さじ1
ごま油… 大さじ2

作り方

1 フライパンにごま油、にんにくを入れて熱し、香りが立ったら、豚肉を入れる。脂を出しながら焼き色がつくまで炒め、高菜漬けを加えてしんなりするまで炒める。

2 豆腐を手で割りながら加えて水分がとぶまで炒め、うす口しょうゆで味を調える。

凍み豆腐と
鶏肉の
マヨ炒め

凍らせた豆腐は味しみがいい。
鶏肉から出るだしとマヨネーズが
しみたコクのある味。

材料（2〜3人分）

凍み豆腐（絹ごし豆腐をパッケージ
　ごと冷凍したもの）…1丁
鶏もも肉…½枚
にんにく（みじん切り）…1片分
玉ねぎ（薄切り）…¼個
マヨネーズ…大さじ2
しょうゆ…大さじ1
粗びき黒こしょう…適量
米油（またはサラダ油）
　…大さじ1½
好みで青唐辛子（小口切り）…適量

作り方

1 豆腐は、室温に1時間〜半日お
いて解凍し、ぎゅっと押してし
っかり水切りして一口大にちぎ
る。鶏肉は一口大に切る。

2 フライパンに米油とにんにくを
入れて熱し、香りが立ったら鶏
肉を入れ、全体に焼き色がつく
まで焼く。玉ねぎを加えて炒め、
しんなりしたら、豆腐、青唐辛
子、マヨネーズ、しょうゆ、黒
こしょうを加えてざっと混ぜ合
わせる。

材料（2人分）

木綿豆腐（しっかり水切り）… 1丁
A （混ぜ合わせる）
　 赤みそ、はちみつ… 各大さじ1
けしの実… 適量
白みそ… 大さじ2
七味唐辛子… 適量
米油（またはサラダ油）… 大さじ1

作り方

1 豆腐は半分の厚さに切ってから
　 4等分に切る。

2 フライパンに米油を熱し、豆腐
　 の両面をこんがりするまで焼く。
　 器に盛り、**A**、白みそをそれぞ
　 れのせ、**A**にけしの実、白みそ
　 に七味唐辛子をふる。

豆腐田楽

豆腐をフライパンでこんがり焼いて、田楽みそは混ぜるだけ。王道メニューを手軽においしく。

豆腐にミートソースと
チーズをかければ、
満足感はそのまま、
食後はあっさり。

くずし豆腐の ミートソース グラタン

材料（4人分）

木綿豆腐（しっかり水切り）… 1丁
〈ミートソース〉
　合いびき肉… 100g
　玉ねぎ（みじん切り）… ¼個
　にんにく（みじん切り）… 1片分
　ホールトマト缶… ½缶（200g）
　塩麹… 大さじ1
　　（または塩小さじ1）
　ナツメグ… 少々
　塩、こしょう… 各適量
　オリーブオイル… 大さじ1½
とろけるチーズ… 60g

作り方

1 ミートソースを作る。フライパンにオリーブオイルを熱し、玉ねぎ、にんにくを弱火で炒め、香りが立ったら、ひき肉を加えて中火でしっかりと炒める。ホールトマト、塩麹、ナツメグを加え、汁気がなくなるまで炒め、塩、こしょうで味を調える。

2 耐熱の器に豆腐を手でくずして入れ、*1*をかけ、チーズをちらす。180℃のオーブンで20分焼く。

豆腐を水切りすると、ミートソースの味がぼやけません。豆腐はくずすと、ミートソースとの味のなじみがよくなります。

豆腐ステーキ

バターで焼いた豆腐ステーキに、シャキシャキしたにんにくじょうゆのもやしをたっぷり。それぞれがおいしい。

材料（2人分）

絹ごし豆腐（かるめ水切り）… 1丁
片栗粉… 適量
バター… 20g
もやし… 80g
えのきたけ（石づきを除く）… ½袋
にんにく（薄切り）… 1片分
しょうゆ（またはぽん酢しょうゆ）… 大さじ1½

作り方

1 豆腐は厚さを半分に切り、全面に片栗粉をまぶす。フライパンにバターを熱して溶かし、豆腐を両面がこんがりするまで焼き、器に盛る。

2 1のフライパンににんにくを入れて熱し、香りが立ったら、もやし、えのきたけを加えてしんなりするまで炒め、しょうゆを回しかけて炒め、豆腐にのせる。

＊豆腐はなめらかに仕上げたいので水切りはかるく。くずれないようにやさしく焼きます。

おだしたっぷりでふるふるの茶碗蒸しと、なめらかな絹ごし豆腐。舌でどちらか確かめながら食べる楽しさ。

材料（300㎖の器2個分）

絹ごし豆腐 … ½丁
卵 … 1個
A｜だし汁（ひと肌に冷ましたもの）… 150㎖
　｜うす口しょうゆ、酒 … 各小さじ1
〈青のりあん〉
B｜青のり（生）… 30g
　｜だし汁 … 150㎖
　｜うす口しょうゆ … 小さじ1
　｜酒 … 大さじ1
水溶き片栗粉（片栗粉小さじ1を水小さじ2で溶く）
　… 小さじ1

作り方

1　鍋にBを入れて温め、水溶き片栗粉を入れ、とろみがつくまで混ぜて火を止める。

2　ボウルに卵をよく溶きほぐし、Aを加えて泡立てないようによく混ぜ、一度こす。

3　豆腐はペーパーで水気をかるくふき、2等分に切る。器に豆腐を入れ、2を均等に流し入れる。

4　厚手の鍋に器の½の高さまで湯を注いで沸騰させ、器を置く。ふたをして強火で3分蒸したら、ふたに箸をはさんで隙間をあけ、弱火で15分蒸す。竹串を刺して卵液が出てこないようなら蒸しあがり。1を温めて均等にかける。

温一揚げる

ひろうす

素朴な材料でも、揚げたては、ごちそう。具は、食感のいいきくらげと枝豆の厳選2種で味も彩りも大満足。

材料（6個分）

〈生地〉
- 木綿豆腐（しっかり水切り）…1丁
- 卵…1個
- 砂糖…小さじ1
- 塩麹…小さじ1（または塩ひとつまみ）
- 片栗粉…大さじ1

きくらげ(乾物)…2個
枝豆(冷凍・さやから出したもの)…200g
揚げ油…適量

作り方

1 きくらげは水でもどして細切りにする。

2 すり鉢またはフードプロセッサーに生地の材料を入れ、なめらかになるまでよく混ぜる。きくらげ、枝豆を加えて混ぜ合わせる。6等分にして手に油少々をぬり、しっかり空気を抜きながら丸める。170℃の揚げ油できつね色になるまで揚げ、油をきる。

揚げた時にひろうすが割れにくいように、生地をしっかりなめらかになるまで混ぜてから具を合わせてまとめます。

材料（2人分）

木綿豆腐（しっかり水切り）… 1丁
揚げ油、塩、粉山椒 … 各適量

作り方

豆腐は一口大に切り、ペーパーで水気をとる。
170℃の揚げ油に入れ、最初は鍋底にくっつ
かないようにまわりがかたまるまで、混ぜな
がら揚げる。しっかり色づいたら、引き上げ
て油をきる。器に盛り、塩、粉山椒をふる。

雷豆腐

カリカリに揚げた豆腐は別腹。
この味のために、
前の晩から豆腐を
水切りしたくなる味。

とろりとしたチーズと
ハムの塩気であっさりと。

豆腐ハムチーズの春巻き

\豆腐

温─揚げる

材料（春巻き2本分）

春巻きの皮 … 2枚
木綿豆腐（しっかり水切り）
　… 1×12cm角棒状×2本
ロースハム … 2枚
カマンベールチーズ … ¼個
水溶き小麦粉（小麦粉適量を
　少量の水で溶く）… 適量
揚げ油 … 適量

作り方

1 カマンベールチーズは4等分に切る。春巻きの皮の上にハム1枚、豆腐1切れをのせ、カマンベールチーズ2切れをのせてふんわりと巻き、巻き終わりに水溶き小麦粉をぬってしっかりとめる。もう1本も同様に巻く。

2 170℃の揚げ油に*1*を入れ、皮がきつね色になるまで揚げ、油をきる。

豆腐春巻き2種

豆腐、かにかま、青じその春巻き

具はジューシー。
何本でも
食べられるかるい味。

材料（春巻き2本分）

春巻きの皮 … 2枚
木綿豆腐（しっかり水切り）
　… 大さじ2
かに風味かまぼこ … 2本
青じそ … 4枚
水溶き小麦粉（小麦粉適量を
　少量の水で溶く）… 適量
揚げ油、レモン汁 … 各適量

作り方

1 豆腐は手で小さくほぐし、かにかまは縦にほぐす。春巻きの皮の上に青じそ2枚、豆腐とかにかま各半量をのせてふんわりと巻き、巻き終わりに水溶き小麦粉をぬってしっかりとめる。もう1本も同様に巻く。

2 170℃の揚げ油に*1*を入れ、皮がきつね色になるまで揚げ、油をきる。レモン汁を添える。

材料（2人分）

絹ごし豆腐（かるめ水切り）… 1丁
片栗粉 … 適量
かぶ … 2個
A｜だし汁 … 150㎖
　｜うす口しょうゆ … 大さじ1
　｜みりん … 大さじ1½
水溶き片栗粉（片栗粉大さじ½を水大さじ1
　で溶く）… 大さじ1
揚げ油 … 適量

作り方

1　豆腐は4等分に切り、片栗粉をまぶして170
　℃の揚げ油で、衣がカリッとするまで揚げ、
　油をきる。

2　かぶは鬼おろしですりおろしてざるにあげ、
　かるく汁気をきる。小鍋にAを入れて煮立て、
　水溶き片栗粉を加えてとろみがつくまで混ぜ
　る。おろしたかぶを加え、ひと煮立ちしたら
　火を止める。器に盛った 1にかける。

＊豆腐をフライパンで揚げる時には、かるくゆ
　すりながら揚げると、鍋底にくっつかず、き
　れいに揚がります。

揚げだし豆腐

おろしたかぶのやさしい味が
なめらかな揚げだし豆腐のおいしさを格上げ。

材料（2人分）

〈発酵白菜（作りやすい分量）〉
　白菜…½株
　塩…白菜の総重量の2％
絹ごし豆腐…1丁
豚バラ薄切り肉…100g
春雨（乾物）…30g
A しょうが（薄切り）…1かけ分
　にんにく（つぶす）…1片
　水…300mℓ
　赤唐辛子…1本
うす口しょうゆ…大さじ1
米油（またはサラダ油）…大さじ1½

作り方

1 発酵白菜を作る。白菜は塩でもくもんでかるく水をきり、ポリ袋に入れて常温におく。酸味が出るまで4日〜1週間おく。

2 春雨は水でもどし、長ければ食べやすい長さに切る。豆腐はペーパーでかるく水気をふき、4等分に切る。発酵白菜120g、豚肉は食べやすい長さに切る。

3 土鍋に米油を弱火で熱し、温まったら豚肉を入れて中火でしっかり炒めて脂を出し、発酵白菜、豆腐、**A**を加えて煮る。煮立ったら、うす口しょうゆで味を調え、春雨を加えてひと煮立ちさせ、火を止める。

＊春雨は余熱でもつゆを吸ってのびやすいので、仕上げに入れます。豆腐は、焼き豆腐や木綿豆腐でもお好みで。

＊発酵白菜は、空気に触れないように冷蔵で保存すれば、2か月ほど保存可。

発酵白菜、
豆腐、
豚肉の鍋

台湾で人気の鍋料理を
作りやすく。
食べ飽きないおいしさ。

高野豆腐

豆腐を凍らせて低温で水分を抜いて乾燥させた
高野豆腐。凍み豆腐や凍り豆腐とも呼ばれています。
長期保存できるので、常備しておくと便利。
煮るのはもちろん、油と相性がいいので、
もどして揚げたり、炒めたりすると新鮮なおいしさに。

高野豆腐の炊いたん

最初甘めで後味あっさり。
絶妙な味加減のあふれる煮汁といただくのが
高野豆腐の醍醐味。

材料（2人分）

高野豆腐（乾物）… 2個
A｜だし汁 … 300㎖
　｜酒、みりん、砂糖 … 各大さじ1
　｜うす口しょうゆ … 大さじ½
　｜塩 … 小さじ1
にんじん（飾り切りまたは輪切り）… 適量
さやいんげん（半分に切る）… 4〜5本

作り方

1 高野豆腐は水でもどして4等分に切り、水気をぎゅっとしぼる。にんじん、いんげんは下ゆでする。

2 鍋にAを入れて煮立てて*1*を入れ、落としぶたをして、さらにふたをし、弱めの中火で10分ほど煮る。

高野豆腐は、やわらかくして煮汁をたっぷり含ませるのがおいしいので、しっかり水もどしして、よく煮てふんわり仕上げます。

材料（2人分）

高野豆腐（乾物）… 2個

片栗粉… 適量

A だし汁… 200mℓ

しょうゆ、みりん… 各大さじ2

砂糖… 大さじ½

赤唐辛子… 1本

水溶き片栗粉（片栗粉小さじ1を
　水小さじ2で溶く）… 小さじ1

米油（またはサラダ油）… 適量

作り方

1 高野豆腐は水でもどして4等分に切り、水気
をぎゅっとしぼる。フライパンに多めの米油
を入れて中火で熱し、片栗粉を薄くまぶした
高野豆腐の両面を焼き、油をきる。

2 鍋に**A**を入れて煮立てて*1*を入れ、ふたを
して10分ほど煮る。水溶き片栗粉を加えて
とろみがつくまでからめながら煮る。

肉料理と並ぶ堂々の満足感。

おいしい！これ何？と盛り上がる

作り甲斐のある一品。

高野豆腐のオランダ煮

高野豆腐は水をよくしぼり、
片栗粉は薄くまぶして多め
の油で揚げ焼きにしてコク
を出すのがポイント。後で
煮るので、表面が香ばしく
なればよい。

おから

大豆から豆腐を作る過程で
豆乳をしぼった後に残るおから。
大豆の風味豊かで、たんぱく質、食物繊維などが豊富。
家庭料理の総菜としておなじみのおから煮は、
炒りあげてさらさらに仕上げるよりも、
たっぷりの煮汁でしっとり煮ると、
口当たりがいいので最近のお気に入りです。

おから煮

あえて具は下煮せず、手間も省けて、具の味が生きる。おからはしっとり仕上げるのが美味。

材料（2〜3人分）

おから … 100g
干ししいたけ（乾物）… 2枚
芽ひじき（乾物）… 5g
しらたき … 50g
長ねぎ（みじん切り）… 15cm
にんじん（せん切り）… 30g
さやいんげん（小口切り）… 5本
いりごま（白）… 大さじ1
A　干ししいたけのもどし汁＋だし汁 … 200mℓ
　　うす口しょうゆ … 大さじ1½
　　みりん、砂糖 … 各大さじ1
ごま油（白）… 大さじ3

作り方

1 干ししいたけは150mℓの水で前日からもどす。軸を除いて薄切りにし、もどし汁にだし汁を合わせて200mℓにする。ひじきは水でもどして水気をきる。しらたきは下ゆでして湯をきり、長ければ食べやすく切る。

2 フライパンまたは鍋でしらたきをから炒りし、ごま油を加え、ひじき、干ししいたけを炒め、長ねぎ、にんじん、いんげん、ごまの順に加えて炒める。Aを加えて煮立て、おからを加え、汁気が少し残るまでしっとり炒る。

昆布とかつお節のだしと干ししいたけのもどし汁の3種のうまみのだしで、深い味わいに。ぱらぱらにせず、しっとり煮ます。おからは、水分がなくなるまで炒り、豆腐臭さをとばします。

材料（2〜3人分）

おから … 100g
芽ひじき（乾物）… 5g
玉ねぎ（みじん切り）… ⅙個
にんじん（せん切り）… 20g
ピーマン（せん切り）… 2個
にんにく（みじん切り）… 1片分
赤唐辛子（種を除く）… 1本
A｜ ホールトマト缶 … ½缶（200g）
　｜ 塩麹 … 大さじ2
　｜ 　（または塩小さじ1）
　｜ みりん … 大さじ1
　｜ しょうゆ … 小さじ1
塩、こしょう … 各適量
オリーブオイル … 大さじ3

作り方

1　ひじきは水でもどして水気をきる。

2　フライパンまたは鍋にオリーブオイル、にんにく、赤唐辛子を入れて弱火で熱し、香りが立ったら、玉ねぎを加えてしんなりするまで炒める。ひじき、にんじん、ピーマンの順に加えて、にんじんがしんなりするまで炒め、おからを加えて炒め合わせる。

3　Aを加え、少し汁気が残るくらいまで炒り、塩、こしょうで味を調える。

＊好みでトマトケチャップを加えて少し甘めにしても。

洋風おから煮

トマトがこんなにおからとひじきに合うなんて。子どももおいしく食べちゃいます。

飯・麺／豆腐

くずし豆腐のせご飯

ボリューム感が出て、栄養も充実。豆腐の上品なコクでついついご飯がすすみます。

材料（1人分）と作り方

ご飯1杯分に木綿豆腐（ペーパーでかるく水気をふく）½丁を大ぶりに割ってのせ、青じそ1枚、ちりめんじゃこ大さじ1〜2、みょうが（せん切り）½個をのせ、いりごま（白）小さじ1、しょうゆをかける。

*豆腐は木綿でも絹ごしでも好みで。温かく食べたい場合は、豆腐を電子レンジにかけてご飯にのせても。しょうゆは好みで、ごま油、ラー油でも。

梅豆腐
ご飯

梅の酸味に
ほんのり甘いだしのあんが
絶妙なバランス。
しめにもってこいの
茶懐石風のご飯もの。

材料（2人分）

絹ごし豆腐（かるめ水切り）
　…½丁
梅干し（種を除き、たたく）…2個
温かいご飯…大さじ6
〈あん〉
A｜だし汁…200mℓ
　｜しょうゆ…小さじ½
　｜うす口しょうゆ…小さじ1
　｜みりん…小さじ½
水溶き片栗粉（片栗粉小さじ1を
　水小さじ2で溶く）…小さじ1

作り方

1　あんを作る。鍋にAを入れ
　て煮立たせ、水溶き片栗粉
　を入れてとろみをつける。

2　器に2等分に切った豆腐を
　それぞれ入れ、等分にご飯
　をのせ、あんをかけ、梅肉
　をのせる。

埋み豆腐

火を止めてから溶き入れます。

白みそは香りがとばないように

ご飯は控えめが粋。

材料（2人分）

絹ごし豆腐（かるめ水切り）… ½丁
だし汁 … 200mℓ
酒 … 大さじ1
白みそ … 120g
温かいご飯 … 大さじ6
溶き辛子 … 少々

作り方

鍋にだし汁、酒を入れて煮立て、火を止めて白みそを溶く。器にご飯を等分に盛り、2等分に切った豆腐をのせ、白みそ汁をかけ、辛子をのせる。

とうめし

しっかり甘辛く煮た豆腐と
ほうじ茶で炊いた
香ばしいご飯だからこそその味。

材料（2〜3人分）

木綿豆腐（かるめ水切り）… 1丁
A │ だし汁 … 300mℓ
　│ しょうゆ、みりん … 各50mℓ
　│ 砂糖 … 大さじ1
　│ オイスターソース … 大さじ½
〈ほうじ茶ご飯〉
　│ 米 … 1合
　│ 塩 … ひとつまみ
　│ ほうじ茶 … 適量
好みで七味唐辛子 … 適量

作り方

1 鍋にAを煮立たせ、2等分に切った豆腐を入れ、
ひと煮立ちしたら弱火にし、20分ほど煮る。
6時間〜ひと晩おく。

2 米はといで30分ほど浸水し、ざるにあげる。
炊飯器に入れ、ほうじ茶を1合の水加減にし
て入れ、塩を加えて混ぜ、ふつうに炊く。

3 器に*1*を盛り、*2*をのせ、煮汁をかけ、好み
で七味唐辛子をふる。

＊豆腐は20分ほど煮てから冷まして味をしみ
こませ、さらにひと晩おくと中まで味がしみ
ておいしくなる。

煮汁には、甘辛味の定番調
味料に加え、オイスターソー
スをかくし味に入れてう
まみを足します。

精進キーマカレー

しっかり水切りした豆腐は肉代わり。油で火を通し、とろりとさせたなすがからめば、肉なしとは感じさせない味わいに。

材料（2～3人分）

木綿豆腐（しっかり水切り）… 1丁
なす（1cm角に切る）… 2本
玉ねぎ（みじん切り）… ¼個
にんじん（みじん切り）… 30g
ピーマン（みじん切り）… 中1個
カレー粉… 大さじ2
ホールトマト缶… ½缶（200g）
塩麹… 大さじ3（または塩小さじ1）
にんにく（みじん切り）… 1片分
米油（またはサラダ油）… 大さじ4
塩、こしょう… 各適量
温かいご飯… 適量

作り方

1 フライパンに米油大さじ3を熱し、なすをとろりとするまで中火でよく炒める。

2 別のフライパンに米油大さじ1、にんにくを入れて弱火で熱し、香りが立ったら、玉ねぎを入れて炒め、にんじん、ピーマンを順に加え、しんなりするまで炒める。1、カレー粉を加えて炒め、豆腐を手で割りながら加え、くずしながら全体に混ざるようによく炒めて水気をとばす。

3 2にホールトマト、塩麹を加えて汁気がとぶまで炒め、塩、こしょうで味を調える。器にご飯を盛り、カレーをかける。

豆腐はひき肉代わりなので、しっかり水切りしてさらに炒めて水分をとばします。豆腐の味が凝縮し、しっかり味が決まります。

材料（2〜3人分）

木綿豆腐（しっかり水切り）… 1丁
甘塩鮭（切り身）… 1切れ
溶き卵 … 2個分
長ねぎ（みじん切り）… ½本
いりごま（白）… 大さじ1
青じそ（せん切り）… 4枚
塩、粗びき黒こしょう … 各適量
米油（またはサラダ油）… 適量

作り方

1 フライパンに薄く米油をひき、
鮭を焼いて一度取り出し、ほぐ
しながら骨をはずす。

2 1のフライパンに米油大さじ2、
長ねぎを入れて中火で炒め、豆
腐を割りながら加え、ほぐしな
がら水気がなくなるまでしっか
りと炒める。

3 1をもどし入れて炒め合わせ、
溶き卵を回し入れて炒め、半熟
状になったら、塩、黒こしょう
で味を調える。ごま、青じそを
加え、ざっと混ぜ合わせる。

＊塩、こしょうの分量は、味見を
して甘塩鮭の塩分をみてから決
めます。青じそは色と香りを残
したいので、仕上げに入れます。

鮭と卵の
チャーハン風

ご飯よりパラリとかろやか。
卵の甘みと鮭の塩気がきいて
食べ飽きないおいしさ。

材料（1人分）

絹ごし豆腐（かるめ水切り）… ½丁
そば（乾麺）… 80g
A｜ だし汁 … 500mℓ
　｜ うす口しょうゆ … 大さじ2
　｜ みりん … 大さじ3
水溶き片栗粉（片栗粉大さじ1を水
　大さじ3で溶く）… 全量
塩、わさび … 各適量
三つ葉（ざく切り）… 1束

作り方

1 鍋にAを煮立たせ、豆腐を割りながら
　入れ、水溶き片栗粉を加えてとろみを
　つけ、塩で味を調える。

2 そばはゆでて湯をきり、器に盛る。温
　めた1をそばにかけて三つ葉をちら
　し、わさびをのせる。

＊そばの代わりに稲庭うどんなど細めの
　うどんでも。

くずし豆腐あんかけそば

絹ごし豆腐の
ゆるゆるとした食感を楽しみます。
だしの風味と三つ葉でシンプルに。

豆腐干であえ麺

豆腐に圧力をかけて水分を抜き、かるく乾燥させ、
麺状に細切りにした豆腐干。
低糖質で高たんぱく、噛みごたえがあり、
豆の香りを感じる味わい。
サラダ、あえもの、炒めものなどに幅広く使えますが、
麺の代わりに使うと手軽にアジア感が味わえます。

干し豆腐のエスニックあえ麺

みんなが大好きな具の組み合わせに、豆腐干を合わせると、本格的で盛り上がる一品に。

材料（2人分）

A	豆腐干 … 100g
	桜えび（ゆで、または乾物）… 20g
	紫玉ねぎ（薄切り）… ¼個
	切り干し大根（乾物）… 10g

パクチー … 1本
ごま油 … 大さじ1
魚醤 … 小さじ2
レモン汁 … ¼個分
ピーナッツ（無塩）… 大さじ2

作り方

1 切り干し大根は水でもどして水気をきる。豆腐干は沸かした湯に入れ、ひと煮立ちしたら、ざるにあげてしっかりと湯をきる。パクチーは茎と葉に分け、茎は刻む。紫玉ねぎは水でさらしてペーパーで水気をとる。ピーナッツは粗く刻む。

2 ボウルにA、パクチーの茎を入れ、ごま油、魚醤、レモン汁であえ、器に盛る。ピーナッツをちらし、パクチーの葉をのせる。

＊切り干し大根を入れると、食感の変化が際立ち、さらにおいしくなります。

干し豆腐の梅みそあえ麺

豆腐干は切れにくいので、心おきなくしっかり混ぜて味をよくからめます。

材料（2人分）

豆腐干 … 100g
中華蒸し麺 … 2玉
〈梅みそペースト〉
みそ … 小さじ1
しょうゆ … 小さじ1
青じそ … 10枚
カシューナッツ（刻む）… 20g
梅肉 … 15g
ごま油 … 大さじ1½

作り方

1 豆腐干は沸かした湯に入れ、ひと煮立ちしたら、ざるにあげ、湯をきる。中華麺も同じ湯でゆで、ざるにあげて湯をきり、ボウルに入れる。

2 すり鉢またはフードプロセッサーに梅みそペーストの材料を入れ、ペースト状にする。1を2であえる。

＊ナッツは、ほんのり甘いカシューナッツがおすすめ。

熱々炊きたてのごま豆腐が
こんなにかんたんにできる感動。
食べてその味にまた感動。

熱々とろとろ
ごま豆腐

材料（作りやすい分量）

A 白練りごま…50g
　　だし汁…200mℓ
　　片栗粉…15g
　　塩…ひとつまみ
わさび、しょうゆ…各適量

作り方

鍋にＡを入れてよく混ぜて片栗粉を溶かしてから中火にかける。泡立て器などで絶えず、5分ほど練り、とろりとしてもったりと粘度が出てきたら、ゴムべらで器に盛る。わさびを添え、しょうゆをかけていただく。

スイーツ／豆腐

豆腐でスイーツを作ると、あっさりとしながら、コクが出て、しっとりとやわらかく、新鮮なおいしさに。甘みが控えめなものも多いので、朝食や軽食代わりにも。

豆腐の豆花（トゥファ）風

台湾の人気スイーツをかんたんに。
煮ただけのシロップを豆腐にかけるだけ。

材料（2人分）

寄せ豆腐 … 適量
〈しょうがシロップ〉
  砂糖 … 80g
  水 … 200mℓ
  しょうが（薄切り）… 1かけ分
好みでくこの実 … 適量

作り方

小鍋にしょうがシロップの材料
を入れてひと煮立ちさせ、火を
止める。器に盛った豆腐にかけ、
好みでくこの実をのせる。

＊冷たくいただきたい時にはシ
　ロップを冷やして豆腐にかけ
　る。温かく食べたい時には、
　寄せ豆腐を電子レンジで温め、
　温めたシロップをかける。

しょうがシロップは、冷蔵
で1週間保存可。炭酸水で
割るとジンジャーエールに。

豆腐白玉
おしるこ

豆腐を使った白玉は、
やわらかくて歯切れがいい。
ドライフルーツ入りの
あんがワザあり。

材料（2人分）

絹ごし豆腐（ふき水切り）… ½丁
白玉粉 … 150g
A｜ゆで小豆（加糖）… 400g
　｜ドライプルーン（刻む）… 100g
　｜水 … 100mℓ

作り方

1 ボウルに豆腐、白玉粉を入れ、
　　よく混ぜ合わせる。耳たぶくら
　　いのかたさになるまで練る。や
　　わらかければ、白玉粉を少しず
　　つ加えて練り、調整する。一口
　　大に丸め、沸騰した湯でゆで、
　　浮かんできたら、冷水にとる。

2 鍋にAを入れてひと煮立ちさせ、
　　水気をきった白玉団子を加えて
　　温める。

　＊プルーンの代わりにドライいち
　　じくでも。好みで両方入れても。

材料
（18cm×8cmのパウンド型1本分）

A	薄力粉… 100g
	全粒粉… 20g
	ベーキングパウダー …小さじ1½
B	絹ごし豆腐（ふき水切り） …½丁（175g）
	卵… 1個
	米油… 50g
	砂糖… 100g

くるみ（無塩・刻む）… 30g

作り方

1 Aは合わせてふるっておく。ボウルにBを入れ、ハンドミキサーでかなりなめらかになるまでよく混ぜ合わせる。Aを加えて切るようにさっくりとムラなく混ぜ合わせる。くるみを加え、さっくりと混ぜる。

2 オーブンペーパーを敷いたパウンド型に*1*を流し入れ、190℃のオーブンで10分焼いたら縦に切り込みを入れ、180℃で40分ほど焼く。竹串を刺して何もついてこなければ焼き上がり。型から出して焼き網の上で冷ます。

豆腐
パウンドケーキ

甘さ控えめ、深いうまみで
つい後をひく味が豆腐ならでは。
くるみの食感がいいアクセント。

焼く前の生地の混ぜ上がりはなめらかな状態に。粉類を加えたら、練らずに、さっくり切るように混ぜ合わせますが、生地がしっかり混ざっているのが、きめ細かい焼き上がりになるポイント。

スイーツ

豆腐パンケーキ

しっとり、もっちり、あっさりしたパンケーキ。

塩とバターで焼いてスモークサーモンをのせるなど、

朝食などの食事系アレンジもおすすめ。

材料（6枚分）

A｜薄力粉…70g
　｜全粒粉…30g
　｜ベーキングパウダー…小さじ1
B｜絹ごし豆腐（ふき水切り）…½丁
　｜卵…1個
　｜砂糖…大さじ2
米油…適量
〈はちみつしょうがレモン（混ぜ合わせる）〉
　｜おろししょうが…1かけ分
　｜レモン汁…¼個分
　｜はちみつ…大さじ4

作り方

1　Aは合わせてふるっておく。ボウルにBを入れ、ゴムべらでよく混ぜ合わせる。Aを加えてよく混ぜ合わせる。

2　フライパンに米油を薄くひき、中火で温める。1の生地の6等分の量をフライパンに流し入れ、両面をこんがり焼く。残り5枚も同様に焼く。

3　器に盛り、はちみつしょうがレモンをかける。

豆腐と卵、砂糖、粉類は、豆腐が分離しないようによく混ぜ合わせます。卵や砂糖などと混ぜる前に、豆腐をホイッパーやハンドミキサーでなめらかにしておくと、パンケーキがしっとりとして割れにくくなります。

豆腐きな粉もち

材料（作りやすい分量）

絹ごし豆腐 … ½丁（175〜200g）
片栗粉 … 60g
きな粉、砂糖 … 各適量
バター … 適量
焼きのり … 適量

作り方

1 豆腐はペーパーでかるく水気を
　ふく。ボウルに豆腐、片栗粉を
　入れ、なめらかになるまで泡立
　て器でよく混ぜ合わせる（フー
　ドプロセッサーを使うと、早く
　よりなめらかになる）。

2 耐熱容器に1を入れてラップを
　し、電子レンジに1分かけて取
　り出し、ゴムべらなどで混ぜて
　から、再度ラップをして電子レ
　ンジに1分かけ、透明感が出る
　までよく練り混ぜる。ゴムべら
　で半分に分ける。

3 きな粉もちを作る。2の½量を
　ゴムべらで6等分に分ける。ボ
　ウルにきな粉と砂糖を混ぜ合わ
　せ、豆腐もちを入れてころがし
　ながらまぶし、器に盛り、残っ
　たきな粉をかける。

4 磯辺巻きを作る。2の残りの粗
　熱がとれたら、半分に切り、手
　水をつけてだ円形にまとめる。
　フライパンにバターを中火で溶
　かし、豆腐もちを入れて両面焼
　いてのりではさむ。

豆腐もち磯辺巻き

豆腐が入っているとは
思えない、わらびもちのような
もちもち＆ふるふる感が
驚きの味。

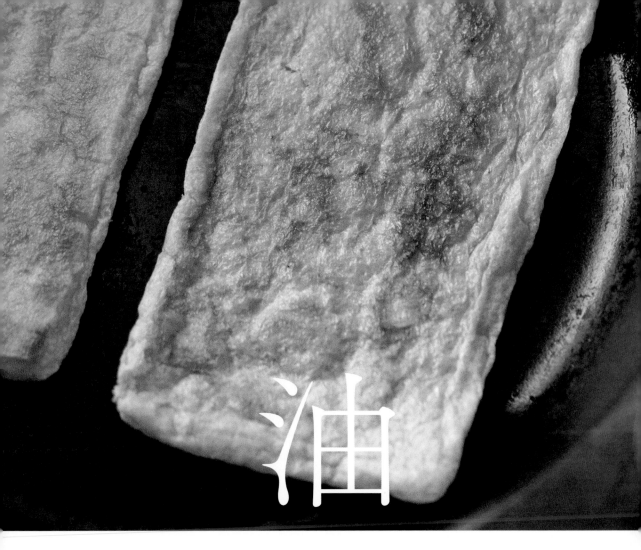

油揚げ

豆腐を少しかために作り、薄く切って水切りし、
油で揚げた油揚げ。安価でおいしくて、
栄養豊富で食べやすく、冷蔵庫に常備しておけば、
みそ汁も主菜も副菜もすぐできる、頼もしい大豆食品です。
カリッと香ばしいしょうゆがかかった焼き油揚げ、
だしがあふれる刻み揚げの熱々うどん、
油揚げを甘辛く煮てすし飯をつめたおいなりさんなどが
おいしいのも、油揚げだからこそ。気取らない一品から、
料理屋さん風の逸品まで、覚えておくと助かります。

焼き油揚げの ねぎあえ

カリカリジュワーッの油揚げに
ねぎ、ぽん酢しょうゆの香り。
とりあえずとはあなどれない、止まらない味。

材料（2〜3人分）

油揚げ … 2枚
長ねぎ（斜め薄切り）… ½本
ぽん酢しょうゆ … 大さじ1
七味唐辛子 … 適量

作り方

1　油揚げは熱湯をかけて油抜きを
して水気をしぼる。フライパン
を弱火で熱し、両面をカリッと
するまで焼き、細切りにする。
長ねぎは水にさらしてペーパー
で水気をしっかりとり、油揚げ
と混ぜる。

2　器に盛り、ぽん酢しょうゆと七
味唐辛子をかける。

油揚げは、急がず、弱火で
表面がカリッとするまで待
つように焼くと、香ばしく、
中も温まっておいしい。

焼き油揚げの香味あえ

油揚げは四角く切ると
食べごたえが出ます。
複数の薬味と
合わせて香り豊かに。

材料（2〜3人分）

油揚げ…1枚
青じそ（ちぎる）…6枚
みょうが（せん切り）…1個
おろししょうが…1かけ分
いりごま（白）…小さじ1
しょうゆ…小さじ1
ごま油…小さじ2

作り方

油揚げは熱湯をかけて油抜きをして水気をしぼる。フライパンを弱火で熱し、両面をカリッとするまで焼き、四角く切る。すべての材料をさっとあえる。

油揚げねぎみそ＆ベーコンチーズ焼き

うまみあふれる油揚げに
少し甘めのねぎみそ、
チーズとベーコンの具は
それぞれ納得のおいしさ。

材料（4切れ分）

油揚げ（長くて厚いタイプ）… 1枚
〈ねぎみそ（混ぜ合わせる）〉
| みそ … 小さじ1½
| みりん … 小さじ1
| 砂糖 … ひとつまみ
| 長ねぎ（みじん切り）… ¼本
ベーコン（半分に切る）… 2枚
シュレッドチーズ … 大さじ2
粗びき黒こしょう … 少々

作り方

1 油揚げは熱湯をかけて油抜き
  をして水気をしぼる。4等分
  に切り、真ん中に切り目を入
  れて袋状にする。

2 油揚げ2切れに、それぞれベー
  コン2切れ、チーズ大さじ
  1をはさみ、黒こしょうをふ
  る。残りの2切れにねぎみそ
  適量をはさむ。トースターで
  こんがりするまで焼く。

ねぎみそは材料を混ぜるだ
け。少し甘めにするのがお
いしい。

油揚げの塩麹漬けグリル

長年何度も作っているわが家の定番メニュー。しょうゆ味でない油揚げが新鮮。

材料（2人分）

油揚げ（長くて厚いタイプ）… 1枚
塩麹 … 大さじ1
米油（またはサラダ油）… 大さじ1

作り方

1 油揚げは熱湯をかけて油抜きをして水気をしぼる。2cm幅くらいに切り、断面に塩麹をぬって10分ほどおく。

2 フライパンに米油を弱火で熱し、*1*を表面が香ばしくなるまでじっくり焼く。

塩麹はミキサーにかけてなめらかにしておくと、使い勝手がよく、焼く時にも焦げにくい。冷蔵で2か月保存可。

材料（2人分）

油揚げ… 1枚
〈ツナマヨ（混ぜ合わせる）〉
　ツナ缶（水煮／フレーク）
　　… 1缶（70g）
　マヨネーズ… 大さじ2
　玉ねぎ（みじん切り）… ⅛個
シュレッドチーズ、焼きのり
　（細切り）… 各適量

作り方

油揚げは熱湯をかけて油抜きをして水気をしぼる。3辺を包丁で切り、開いて正方形にする。ツナマヨをのせ、チーズをまんべんなくちらしてトースターでチーズに焼き色がつくまで焼く。器に盛り、のりをちらす。

＊油揚げの味を生かすため、具はシンプルに。玉ねぎは水にさらさずに使って食感と香りを生かします。

ツナマヨ油揚げピザ

とろりとろけたチーズは間違いなく油揚げに合う。玉ねぎのシャキシャキの食感とのりの香りで後味はかろやか。

材料（4人分）

油揚げ… 2枚
〈えびペースト〉
　えび（殻つき）… 150g
　しょうが（みじん切り）… 1かけ分
　パクチーの茎（小口切り）… 2本分
　酒… 大さじ1
　粗びき黒こしょう… 少々
　おろしにんにく… 1片分
片栗粉… 適量
酒… 大さじ1
米油（またはサラダ油）… 大さじ1〜2
〈グリーンスイートチリソース（混ぜ合わせる）〉
　はちみつ、酢… 各大さじ1
　ナンプラー… 大さじ½
　青唐辛子（小口切り）… 2本
パクチーの葉… 適量

えびトースト風

本家より劇的にかんたん。
えびのおいしさ引き立つ驚きの味。
かろやかでいくらでも食べられる。

作り方

1　油揚げは袋状にする（左下）。熱湯をかけて油抜きをして水気をしぼる。

2　ボウルにえび、片栗粉、酒を入れてよくもんでぬめりを落とし、汚れが出たら、洗って水気をきり、包丁でたたく。えびペーストのほかの材料を加えて混ぜ合わせ、1に均等につめて平らにならし、切り口を折ってとじる。

3　フライパンに米油を中火で熱し、2の両面をこんがり焼き、箸で押して弾力が出ていたら取り出し、三角に切って器に盛る。パクチーの葉、グリーンスイートチリソースを添える。

油揚げを袋状にする

油揚げは麺棒で空気を含ませるようにして押しながらころがす。

半分に切り、切り口を開いて袋状にする。

えびペーストはつなぎを入れていないので、えびの香りと甘みが抜群。油揚げはパンより油を吸わず、カリカリに焼けます。

材料（8個分）

油揚げ…4枚
〈たね〉
　豚ひき肉…150g
　れんこん（みじん切り）…50g
　にら（みじん切り）…2本
　しょうが（みじん切り）…1かけ分
　塩麹…大さじ1（または塩小さじ1）
　酒…大さじ3
米油（またはサラダ油）…大さじ2
〈梅だれ（混ぜ合わせる）〉
　梅干し（種を除いてたたく）…1個
　煮切りみりん（ラップをしないで電子レンジに
　　10秒かける）…大さじ1
　ごま油…小さじ1
〈ごまだれ（混ぜ合わせる）〉
　白練りごま、酢、しょうゆ…各大さじ1

作り方

1 油揚げは袋状にする（P95）。熱湯をかけて油
　抜きをして水気をしぼる。

2 たねの材料をよく練り混ぜる。
　1に均等につめ、切り口を内
　側に折り、口をとじる。

3 フライパンに米油を弱火で熱し、2を両面
　焼く。箸で押さえてみて、かたく弾力が出て
　いれば焼きあがり。器に盛り、2種のたれに
　つけていただく。

　＊にらは青じそ（みじん切り）4枚でも。

焼き油揚げの
餃子だね！

見た目は地味でも、
"食べたら、餃子の味"がサプライズ。
作るのはかんたん、栄養も充実。

カリッと焼けた油揚げの中
には、刻みれんこん入りの
シャキシャキ食感がきいた
餃子だね。クセになる味で
す。

＼油揚げ

焼き油揚げのクレソン、せりサラダ

カリッと焼いた油揚げには、香りのある野菜がよく合います。ぽん酢しょうゆであっさりと。

材料（2人分）

油揚げ…1枚
クレソン…1束
せり…½束
ぽん酢しょうゆ…小さじ2
ごま油…大さじ1
焼きのり…5枚

作り方

1 クレソン、せりは食べやすい長さに切る。油揚げは熱湯をかけて油抜きをして水気をしぼる。

2 フライパンを弱火で熱し、油揚げの両面をカリッとするまで素焼きにし、縦長に半分に切り、7㎜幅に切る。のりは手でちぎる。ボウルに材料を上から順に入れ、さっとあえる。

焼いたまいたけ、
柑橘、しょうゆの香りが
油揚げを粋なおつまみに。

まいたけと焼き揚げのしょうゆあえ

材料（2人分）

油揚げ…1枚
まいたけ…1パック
しょうゆ、すだち（またはレモン）…各適量

作り方

1 油揚げは熱湯をかけて油抜きをして水気をしぼる。
フライパンを弱火で熱し、大ぶりにほぐしたまいた
け、油揚げを素焼きする。まいたけは焼けたものか
ら取り出す。油揚げは両面がカリッと焼けたら取り
出し、縦長に半分に切り、1.5cm幅に切る。

2 1をボウルに入れ、しょうゆをかけ、すだちをし
ぼってあえる。

＊焼くと水分が出やすいきのこ類。まいたけから水を
出さずにおいしく焼くには、小さくほぐさず、大ぶ
りにほぐす。また、炒めるように動かすと水が出る
ので、動かさないで焼く。

＊まいたけは好みのきのこでも。

お揚げと小松菜のごまあえ

食べるたびに納得の定番の味。油揚げと小松菜は、互いがおいしくなるとびきりの相性。

材料（2人分）

油揚げ… 1枚
小松菜… 4株
塩… 少々
A｜すりごま（白）、だししょうゆ
　｜　… 各大さじ1
　｜おろししょうが… 1かけ分

作り方

1 小松菜は3分ほど塩ゆでして水にとり、ぎゅっとしぼって5cm長さに切る。油揚げは熱湯をかけて油抜きをして水気をしぼり、5mm幅の細切りにする。

2 ボウルにAを混ぜ合わせ、小松菜、油揚げを加えてあえる。

＊小松菜をおいしく食べるための定番の組み合わせに、しょうがの香りを添えておいしさアップ。

材料（3〜4人分）

油揚げ … 1枚
にんじん（せん切り）… 50g
芽ひじき（乾物）… 10g
切り干し大根（乾物）… 15g
A｜（混ぜ合わせる）
　　酢、みりん、砂糖 … 各大さじ1
　　しょうゆ … 大さじ1½
米油（またはサラダ油）… 大さじ1
いりごま（白）… 大さじ1

作り方

1 ひじきは水でもどして水気をきる。切り干し大根は洗って水気をしぼる。油揚げは熱湯をかけて油抜きをして水気をしぼり、せん切りにする。

2 フライパンに米油を中火で熱し、にんじんをしんなりするまで炒め、ひじき、油揚げ、切り干し大根を順に加え、その都度炒める。Aを加えて炒め合わせ、いりごまをふる。

炒りなます

酢をきかせるから、このおいしさに。
炒めて、野菜やひじきの甘み、
風味をしっかり引き出します。

細く切るほど口当たりが繊細になり、おいしい料理。かたいにんじんは炒めて甘みを引き出します。切り干し大根は食感を、ひじきは香りを残したいのでさっと炒めます。仕上げの酢でさっぱりさせるから、何度でも食べたい味わいに。

にんにくとオイスターソースで
おかず感のある味つけに。
鶏肉は塩麹でもみ、片栗粉を
まぶして焼くから、ふんわり。

鶏肉、もやし、お揚げの炒め煮

材料（2〜3人分）

油揚げ… 1枚
鶏もも肉… ½枚
塩麹… 小さじ1
　（または塩小さじ½）
片栗粉… 大さじ1
にんにく（みじん切り）… 1片分
もやし… ½袋
A｜（混ぜ合わせる）
　　オイスターソース、しょうゆ
　　　… 各大さじ½
　　酒… 大さじ1
水溶き片栗粉（片栗粉小さじ½を
　水50mℓで溶く）… 全量
米油（またはサラダ油）… 大さじ2

作り方

1　油揚げは熱湯をかけて油抜きをして水気をし
　ぼり、縦長に半分に切ってから1.5cm幅に切
　る。鶏肉は一口大に切り、塩麹でもみ、片栗
　粉をまぶす。

2　フライパンに米油、にんにくを入れて弱火に
　かけ、香りが立ったら、鶏肉を中火で炒める。
　全体に色づいたら、油揚げ、もやしを加えて
　ざっと炒め、Aを入れ、さっと炒め合わせる。
　水溶き片栗粉を加え、とろみがつくまで煮る。

＼油揚げ

炒める

カリカリの油揚げにしらすをからめながら、うまみを吸わせるイメージで炒めます。

材料（2〜3人分）

油揚げ … 1枚
しらす干し … 30g
にんにく（みじん切り）… 1片分
赤唐辛子（種を除く）… 1本
オリーブオイル … 大さじ2
塩、こしょう … 各少々

作り方

1 油揚げは熱湯をかけて油抜きをして水気をしぼり、細切りにする。

2 フライパンにオリーブオイル、にんにくを入れて弱火で熱し、香りが立ったら、赤唐辛子を加える。香りが出たら、油揚げ、しらすを加えて油揚げがカリッとするまでじっくりと炒める。塩、こしょうで味を調える。

お揚げとしらすのアーリオ・オーリオ

材料（2〜3人分）

油揚げ…1枚
小松菜…4株
だし汁…150㎖
うす口しょうゆ…大さじ1弱
みりん…大さじ½
塩…少々

作り方

1 小松菜は3分塩ゆでして水にとり、5㎝長さに切り、水気をぎゅっとしぼる。油揚げは同じ湯に入れ、さっとゆでる。ひと煮立ちしたら引き上げてしぼり、縦長に半分に切ってから細切りにする。

2 鍋にだし汁、うす口しょうゆ、みりんを入れてひと煮立ちさせて火を止める。*1* を入れ、30分ほどおく。

油揚げは、ゆでると油が抜けて口当たりがやわらかくなり、味もよく入ります。

揚げと青菜のおひたし

お揚げのカレー煮

材料（作りやすい分量）

油揚げ…4枚
だし汁…300mℓ
しょうゆ…大さじ1½
砂糖、みりん、カレー粉
　…各大さじ1

作り方

油揚げは熱湯をかけて油
抜きをして水気をしぼ
り、半分に切る。鍋にす
べての材料を入れ、落と
しぶたをしてからふたを
して煮立てる。弱火にし、
10〜15分煮る。

材料を全部入れて煮る
だけ。そば屋のつまみ
お揚げ煮のカレー版。
小麦粉を使わず、さら
りとした仕上げで。

もちきんちゃく きんちゃく卵

材料（6個分）

油揚げ … 3枚
切りもち … 2個
卵（Sサイズ）… 3個
かんぴょう（乾物）… 適量
A｜だし汁 … 400mℓ
　｜うす口しょうゆ … 大さじ1½
　｜みりん … 大さじ1

作り方

1　かんぴょうは水でもどす。油揚げは袋状にして（P95）熱湯をかけ、油抜きをして水気をしぼる。

2　もちは3等分に切り、油揚げ3切れにもちを均等に入れる。残りの油揚げ各1切れに卵1個を割り入れ、かんぴょうでしばって口をとじる。もち入りの油揚げも同様に口をとじる。

3　鍋にAを入れて煮立たせ、卵入りのきんちゃくをそっと入れる。煮立ったら、もちきんちゃくを加え、中火で5〜10分煮る。

＊きんちゃくが重ならず、ぴったり入る程度の小さい鍋で煮ると煮くずれしにくく、きれいに。鍋が小さいと煮汁の高さが出て、しっかり煮えます。

かんたんにおいしいところだけ。
きんちゃく卵ともちきんちゃくは、
時間差で煮るのがちょうどいい。

どんこしいたけと油揚げの煮込み

干ししいたけのだしで煮るだけで王道のおいしさに。煮汁の甘さ加減が絶妙。

材料（2人分）

油揚げ（長くて厚いタイプ）… 1枚
干ししいたけ… 8枚
みりん… 大さじ2
しょうゆ、砂糖… 各大さじ1½

作り方

1 干ししいたけは、前日に湯400～500㎖にひたし、もどしておく。

2 油揚げは熱湯をかけて油抜きをし、水気をしぼり、4等分に切ってから三角に切る。*1*のもどし汁は、水を合わせて400㎖にして圧力鍋に入れる。ほかの材料をすべて入れ、高圧で15分加圧して火を止め、ピンが下がるまで自然放置する。

＊普通の鍋で煮る場合は30分ほど煮る。圧力鍋で作るほうが煮汁がたっぷり残っておいしく煮上がります。

材料（作りやすい分量）

油揚げ … 1枚
青のり、塩 … 各適量
揚げ油 … 適量

作り方

油揚げは熱湯をかけて油抜きをして水気をしぼり、1.5㎝幅に切る。160℃の揚げ油でカリッとするまで弱火で15分ほど揚げ、油をきる。青のり、塩をまぶす。

＊油揚げが焦げないように、160℃の低温でじっくり揚げます。中までカリッと揚げないと、食べる時にふにゃっとするので、十分に揚げます。

たっぷりの青のりの香りよいカリカリ油揚げは、大人も子どもも盛り上がる味。

青のりカリカリ油揚げ

おからコロッケ

おから煮の翌日のお楽しみ。
油揚げにつめて揚げるので、
衣をつけるより、かんたん。

材料（6個分）

油揚げ…3枚
洋風おから煮（P66。P64のお
　から煮でも）…大さじ6
揚げ油…適量

作り方

1 油揚げは熱湯をかけて油抜きを
して水気をしぼる。半分に切っ
て袋状にして（P95）裏返す。
油揚げに洋風おから煮を大さじ
1ずつ入れて爪楊枝でとめる。

2 170℃の揚げ油でカリカリにな
るまで揚げ、油をきる。

コロッケらしく見えるよう
に、油揚げを裏返しておか
らをつめ、爪楊枝でとめま
す。衣をつけず、カリカリ
に揚げます。

材料（3〜4人分）

米 … 2合

油揚げ … 1枚

鶏もも肉 … ½枚（150g）

ごぼう … 20cm

A｜しょうゆ … 大さじ2
　｜酒 … 大さじ1

塩 … 少々

作り方

1 米はといで30分浸水し、ざるにあげる。油揚げは熱湯をかけて油抜きをして水気をしぼり、ごく細いせん切りにする。ごぼうは皮をこそげてささがきにして水にさらす。鶏肉は1.5cm角に切り、塩でもむ。

2 鍋に米、水360㎖、Aを入れてかるく混ぜ、油揚げ、鶏肉、水気をきったごぼうをのせてふたをして中火にかける。煮立ってきたら弱火にし、15分炊いて火を止める。10〜12分ふたをしたまま蒸らし、さっくり混ぜ合わせて器に盛る。

＊炊飯器の場合は、2合分の水で同じように炊く。

油揚げは切る前に湯をかけてしぼり、余分な油分を抜いてやわらかく。せん切りはごく細く、米になじんであるかないかわからないくらいに。

油揚げでコクを出すと、具が少なくても格段においしくなります。

鶏肉とごぼうの炊き込みご飯

材料（3〜4人分）

米 … 2合
油揚げ … 1枚
とうもろこし … 1本
A うす口しょうゆ … 小さじ2
酒 … 大さじ1

作り方

1 米はといで30分浸水し、ざる
にあげる。油揚げは熱湯をかけ
て油抜きをして水気をしぼり、
ごく細いせん切りにする。とう
もろこしは粒をこそげる。

2 鍋に米、水360㎖、Aを入れて
かるく混ぜ、油揚げ、とうも
ろこしをのせてふたをして中火
にかける。煮立ってきたら弱火
にし、15分炊いて火を止める。
10〜12分ふたをしたまま蒸ら
し、さっくり混ぜ合わせて器に
盛る。

＊炊飯器の場合は、2合分の水で
同じように炊く。

炊く間に油揚げの油分でコ
クが出てご飯がぱらりと。

とうもろこしの
炊き込みご飯

姿の見えない油揚げと
しょうゆの香ばしさで
味がぴたっと決まります。

ひじきと揚げの玄米ご飯

噛むごとに真価がわかる味。
シンプルな味つけで食感よく、
どんなおかずにも合います。

材料（3～4人分）

玄米… 2合
油揚げ… 1枚
芽ひじき（乾物）… 5g
塩… 小さじ1
粗びき黒こしょう… 適量

作り方

1 玄米は水にひたしてひと晩おく。

2 ひじきは水でもどして水気をきる。油揚げは熱湯をかけて油抜きをして水気をしぼり、ごく細いせん切りにする。

3 圧力鍋に水気をきった玄米、水540mℓ、塩を入れてひと混ぜし、ひじき、油揚げを入れ、黒こしょうをふり、高圧で20分加圧して火を止め、ピンが下がるまで自然放置する。

玄米、ひじきは油との相性がいいので、油揚げとも相性がいい。ひじきとよく合う黒こしょうの香りをアクセントに。

桜えびと枝豆の炊き込みご飯

枝豆は米と一緒に炊くと、ほくほく甘い。香りのいい桜えびと合わせて彩りも華やかに。

材料（3〜4人分）

米…2合
油揚げ…1枚
桜えび（ゆで、または乾物）…10g
枝豆（ゆでてさやから出した正味）
　…200g
酒…大さじ1
塩…小さじ1

作り方

1 米はといで30分浸水し、ざるにあげる。油揚げは熱湯をかけて油抜きをして水気をしぼり、ごく細いせん切りにする。

2 鍋に米、水360ml、酒、塩を入れてひと混ぜし、油揚げ、桜えび、枝豆を入れ、ふたをして中火にかける。煮立ってきたら弱火にし、15分炊いて火を止める。10〜12分ふたをしたまま蒸らし、さっくり混ぜ合わせて器に盛る。

＊炊飯器の場合は、2合分の水で同じように炊く。

油揚げのおみおつけ

汁があふれる油揚げがいい。
油揚げはコクを出しながら、
みその風味も生かします。

材料（2人分）

A｜油揚げ … 1枚
　｜わかめ（乾物）… 大さじ1
　｜長ねぎ（小口切り）… ½本
だし汁 … 500㎖
みそ … 大さじ2〜3

作り方

1 油揚げは熱湯をかけて油抜きをして水気をしぼり、縦長に2つに切ってから、細めの短冊切りにする。

2 鍋にだし汁を入れて煮立てAを加え、ふつふつするくらいの火加減で煮て、長ねぎが煮えたら、火を止め、みそを溶く。

材料（2人分）

A 油揚げ… 1枚
　大根（せん切り）… 120g
　しょうが（せん切り）… 1かけ
　　分
水… 300mℓ
ホールトマト缶… ½缶（200g）
ナンプラー… 大さじ1
あれば青唐辛子（生・小口切り）
　… 1本
パクチー（ざく切り）… 適量

作り方

1 油揚げは熱湯をかけて油抜きをして水気
　をしぼり、縦長に2つに切ってから、せ
　ん切りにする。

2 鍋に分量の水、ホールトマトを入れて煮
　立て、Aを加え、大根がしんなりするま
　で煮る。ナンプラーで味を調える。器に
　盛り、青唐辛子、パクチーをちらす。

油揚げトマトスープ

大根のおみおつけをエスニック風に。
しんなり煮えた大根は麺のよう。
酸味もほどよい、おかずスープ。

京風刻み揚げうどん

油揚げはおだしで
先に煮てふんわりと。
家で作れたら、幸せの味。

材料（2人分）

冷凍うどん … 2玉
油揚げ … 2枚
A ｜ だし汁 … 600mℓ
｜ うす口しょうゆ … 大さじ1½
｜ 酒 … 大さじ2
小ねぎ（斜め切り）… 2本
あれば七味唐辛子 … 適量

作り方

1 うどんは電子レンジで解凍する
　かゆでて湯をきる。油揚げは熱
　湯をかけて油抜きをして水気を
　しぼり、縦長に2つに切ってか
　ら1.5cm幅の短冊切りにする。

2 鍋に**A**を入れて煮立て、油揚げ
　を加えてふたをして弱めの中火
　でふっくらするまで煮る。うど
　んを加え、温まったら器に盛り、
　つゆを注ぐ。小ねぎをのせ、あ
　れば七味唐辛子をふる。

油揚げは、ふたをしてつゆ
を減らさず、ゆっくりとふ
っくらするまで煮るのが一
番のポイント。油揚げから
甘みが出るので、つゆには
甘みを入れません。

材料（2人分）

そうめん…2束
油揚げ…1枚
A だし汁…600mℓ
うす口しょうゆ
…大さじ1½
酒…大さじ2
おろししょうが…1かけ分

作り方

1　油揚げは熱湯をかけて油抜きをして水気をしぼる。フライパンを弱火で熱し、両面をカリッとするまで焼き、縦長に2つに切ってから細切りにする。

2　そうめんは表示通りにゆでて湯をきり、器に盛る。

3　鍋に**A**を入れて煮立てて2にかけ、1をのせ、しょうがを添える。

カリカリの油揚げとしょうがの香りをシンプルに合わせるからおいしいにゅうめんに。

刻み焼き揚げのにゅうめん

材料（1人分）

スパゲッティ（1.4～1.6mm）
　…80～100g
油揚げ…½枚
にんにく（薄切り）…1片分
赤唐辛子（種を除いて小口切り）
　…1本
オリーブオイル…大さじ2
塩…適量

作り方

1 油揚げは熱湯をかけて油抜きをして水気をしぼる。フライパンにオリーブオイル、にんにく、油揚げを入れて弱火にかけ、油揚げの両面がカリッとするまで焼く。上下を返す時に赤唐辛子を加え、油揚げが焼けたら、ペーパーに取り出す。

2 鍋にたっぷりの湯を沸かし、湯の重量の1％の塩を入れ、スパゲッティをゆでる。表示の時間の1分前に取り出し、*1*のフライパンに入れる。中火にかけながら混ぜ合わせ、塩味が足りなければ、ゆで汁大さじ3を足し、器に盛る。*1*の油揚げを手でくだいてかける。

＊オリーブオイルでにんにくを焼きつつ、フライパンのはしっこで油揚げを焼く感じ。ゆっくりパリパリになるまで待つように焼いてくだきます。手で割るから、パリパリとした食感が際立ちます。

イタリア料理の
カリカリパン粉を油揚げで。
にんにく風味でパリパリ食感。

お揚げパスタ

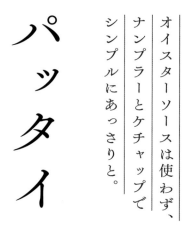

パッタイ

材料（2人分）

米麺（乾物）… 70g

油揚げ… ½枚

えび（殻つき）… 6〜7尾

溶き卵… 1個分

紫玉ねぎ（薄切り）… ⅛個

A │（混ぜ合わせる）

　　トマトケチャップ、ナンプラー

　　　… 各小さじ2

　　砂糖、酢… 各小さじ1

　　水… 大さじ2

　　粗びき黒こしょう… 適量

B │ もやし… ⅓袋

　　にら（5cm長さに切る）… 4本

　　いぶりがっこ（細切り）… 20g

塩、片栗粉、粗びき黒こしょう… 各適量

米油（またはサラダ油）… 大さじ2

ピーナッツ（無塩・粗く刻む）… 大さじ1

ライム… ¼個

作り方

1 米麺は表示通りに水でもどす。油揚げは熱湯をかけて油抜きをして水気をしぼり、縦長に2つに切ってから、短冊切りにする。えびは殻をむき、背に縦に切り目を入れ、背ワタがあれば除く。塩、片栗粉をもみこんで汚れを洗い流す。

2 フライパンを強めの火で熱し、米油大さじ1を入れ、溶き卵を入れて大きく混ぜ、半熟状になったら一度取り出す。

3 フライパンに残りの米油を入れてえびを炒め、色が変わったら、紫玉ねぎ、油揚げを加えて炒める。玉ねぎがしんなりしたら米麺、**A**を加えて炒め、汁気がなくなったら、**B**、*2*を加えてさっと炒め合わせ、塩、黒こしょうで味を調える。

4 器に盛り、ピーナッツをかけ、ライムを添える。

＊いぶりがっこは少量でも入れるとおいしい。なければたくあんでも。

おいなりさん2種

しっかり甘辛いおいなりさん、
だしがきいたおいなりさん、
どちらか選びがたいおいしさ。

だしおいなりさん

甘辛おいなりさん

＼ 油揚げ

飯

材料（各8個分）

●甘辛おいなりさん
【油揚げの甘辛煮】
油揚げ…4枚
〈甘辛煮汁（混ぜ合わせる）〉
| だし汁…200mℓ
| しょうゆ…大さじ2
| みりん、酒…各大さじ1
| 砂糖…大さじ2
【すし飯A】
温かいご飯…1合分
A│（混ぜ合わせる）
　│酢…大さじ2
　│砂糖…大さじ1
　│塩…小さじ½
いりごま（白）…小さじ2
柚子の皮（みじん切り）…½個

●だしおいなりさん
【油揚げの淡煮】
油揚げ…4枚
〈だし煮汁（混ぜ合わせる）〉
| だし汁…200mℓ
| うす口しょうゆ、みりん、酒…各大さじ1
| 砂糖…大さじ½
【すし飯B】
温かいご飯…1合分
B│（混ぜ合わせる）
　│酢…大さじ2
　│砂糖…大さじ1
　│塩…小さじ½
【しょうがの甘酢漬け（作りやすい分量）】
しょうが（皮をこそげ取り、繊維にそって薄切り）
　…100g
C│昆布だし…90mℓ
　│酢…75mℓ
　│砂糖…50g
　│塩…小さじ½

作り方

1 しょうがの甘酢漬けを作る。鍋にたっぷりの湯を沸かし、しょうがをさっとゆで、ざるにあげてゆで汁をきる。鍋に昆布だしを入れて沸騰直前まで温めて火を止め、酢、砂糖、塩を加え、よく混ぜて砂糖を溶かす。保存容器にしょうが、温かいCを入れ、冷蔵庫で半日ほど漬ける（冷蔵で2か月ほど保存可）。

2 ご飯1合にAを回しかけて切るように混ぜ、ごま、柚子の皮を混ぜ、粗熱をとる。もう1合には、Bを回しかけて切るように混ぜ、しょうがの甘酢漬け8枚をみじん切りにして混ぜ、粗熱をとる。

3 油揚げは箸や麺棒で空気を奥に集めるように押しながらころがし、半分に切って袋状にする（P95）。ざるに並べて熱湯をかけて油抜きをして湯をしぼる。油揚げの半量を鍋の中心をあけるようにドーナツ状に並べ、甘辛煮汁を入れ、落としぶたをして中火にかける。煮立ったら弱火にし、15分ほど煮て、汁気がほんの少し残るくらいで火を止め、冷ます。残りの油揚げは裏返してから別鍋で同様にだし煮汁で煮る。

4 手に酢（分量外）をまぶし、それぞれのすし飯を8等分見当に分け、汁気をきった油揚げの甘辛煮、油揚げの淡煮につめる。ふちを折り、口をとじる。器に盛り、好みで柚子の皮（分量外）を削ってちらす。

＊だしおいなりさんのしょうがの甘酢漬けは、しょうがのみじん切り適量でもよい。

油揚げの油抜きは、熱湯をかけてしぼるだけでよい。においが気になるようなら、下ゆでを。油抜きをしておくと味が入りやすくなります。

真藤舞衣子（しんどう・まいこ）

料理家。東京生まれ。会社勤めを経て、京都の
禅寺、大徳寺内の塔頭にて1年間生活。その後、
フランスのリッツ・エスコフィエに留学し、ディ
プロマを取得。帰国して菓子店勤務後、カフ
ェ&サロン「my-an」（東京都赤坂）をオープン
後、料理家に。現在は書籍、雑誌を通じたレシ
ピ開発や料理教室を通じて、環境を考えた食べ
方、暮らし方、食育を提案。みそ、しょうゆ、
塩麹等の発酵食品にも精通し、発酵食品の手作
り、生活への取り入れ方を作りやすいレシピを
通じて紹介。

アートディレクション● 細山田光宣
デザイン● 狩野聡子（細山田デザイン事務所）
撮影● 伊藤徹也
料理アシスタント● 角谷美和、山田麻琴
企画・編集● 土居有香（メディエイトKIRI）
プロデュース● 高橋インターナショナル

真藤舞衣子の
まいにちおいしい!
豆腐と油揚げ

著　者　真藤舞衣子
発行者　高橋秀雄
発行所　株式会社 高橋書店
　　　　〒170-6014　東京都豊島区東池袋3-1-1
　　　　サンシャイン60　14階
　　　　電話　03-5957-7103

ISBN 978-4-471-40887-9
© SHINDO Maiko　Printed in Japan